JN005003

Introduction to Inquiry-Based Learning
for High School Teachers

高校教員のための探究学習入門

問いから始める7つのステップ

佐藤浩章
Hiroaki Sato
編著

ナカニシヤ出版

はじめに

大阪大学では，2015 年から「高校教員向け探究学習指導セミナー」を開催しています。本セミナーは，質の高い探究学習をデザインし，実施と評価を行い，かつそれを普及できる高校教員の養成を目指しています。本書は，そのセミナーで使用されている教材をもとに出版されました。

本書の読者としては，探究学習に取り組んでいる，あるいは取り組んでみたいと考えている高校教員，探究学習を普及させたいと考えている高校教員，管理職，教育行政職員を想定しています。さらに，探究学習に関心のある大学生・大学院生・研究者にも読んでもらいたいと考えています。

本書は,「どのようにすれば質の高い探究者を育成することができるのか」という問いのもと，探究学習のデザイン，実施，評価の方法を 7 つのステップで説明しています。とりわけ，探究学習における問いの重要性を強調している点が特徴です。

また，探究学習を実践するコミュニティづくりができる工夫もしました。まず，各部の終わりには，よくある教員の悩みとその回答を紹介した「高校事例 Q&A」を設けました。これによって，探究学習を進めるイメージをしやすくしました。探究学習の実践に先進的に取り組んでいる兵庫県立兵庫高等学校，福井県立高志高等学校，清教学園中・高等学校の先生方に回答をお願いしました。

次に，実践を振り返りながら学んでもらうために，各章に「15 ミニッツ・ワーク」を設けました。ここでは，提示されている問いについて，思考し，言語化し，他者と対話するために 15 分間で行うワークが設定されています。この欄を使って校内研修やオンラインで読書会が開催されることを期待しています。

本書を通して，質の高い探究者を育成できる高校教員が増えること，そして，次世代の若者が良質な問いを生涯に渡って探究し続けるようになることを期待しています。

尚，本書の出版にあたって多くの方々のご協力に厚く感謝申し上げます。大阪大学の吉本真代先生には高校教員へのインタビューなど，多大な貢献をいただきました。進藤修一先生には出版の後押しをしていただきました。川嶋太津夫先生，山下仁司先生，金泓槿先生には，セミナー実施に協力をいただきました。また，セミナーの初回開催時から講師を依頼している大前吉史先生（兵庫県立長田高等学校）

にも大変お世話になりました。大澤哲先生（兵庫県立兵庫高等学校），山本卓也先生（福井県立福井高等学校），高野和樹先生（同校），中西雅子先生（清教学園中・高等学校），山﨑勇気先生（同校）には事例紹介にご協力いただきました。佐藤文亮氏（株式会社ワークスアプリケーションズ）にはイノベーションの歴史区分について，佐藤賢一氏（京都産業大学教授）には問いづくりの手法について，山本秀樹氏（元ミネルバ大学日本連絡事務所代表）にはブルーオーシャン戦略についてご教示いただきました。また、ナカニシヤ出版の米谷龍幸氏には，度重なる修正依頼にも丁寧に対応いただきました。

最後に，本セミナーにこれまで参加していただき，有益なフィードバックを寄せていただいた全国の探究学習に取り組む高校教員の皆様方にも感謝申し上げます。

佐藤浩章

目　次

第１部

探究学習とは何か

01 新しい時代の新しい能力

1 変わりゆく職業

社会におけるAI（人工知能）の普及に伴い，多くの識者が未来の職業変化を予測しています。オックスフォード大学のフライとオズボーンは，アメリカ労働省が定めた702の職業を創造性や社会性といった項目ごとに分析し，各職業のコンピューターへの代替可能性率を予測したところ，「10～20年以内にアメリカの労働人口の47％が機械に代替されるリスクがある」との結論に至りました（Frey & Osborne 2013）。この結論は世界に大きな衝撃を与えました。

その後，この結論に対しては，職業よりも業務を対象とすべきだという反論や，新しい職業や業務が誕生する可能性が考慮されていないという反論もありましたが，この結論を裏付けるように，労働人口が減少している職業が出始めています。

人工知能研究者の松尾は，未来の仕事について，5年以内には急激な変化は起きないだろうとしながらも，会計や法律業務の中にAIが急速に入り込むかもしれないと予測しています（松尾 2015）。5年から15年後には生産管理やデザインといった領域で仕事が変化し，15年以上先にはAIがカバーできる領域が増えてくると予測しています。そして，人間に残されるのは，「非常に大局的でサンプル数の少ない，難しい判断を伴う」業務と「人間に接するインタフェースは人間のほうがいいという理由で残る」業務だと言います。

国立情報学研究所の人工知能プロジェクト「ロボットは東大に入れるか」のディレクターをつとめた新井は，「AIやAIを搭載したロボットが人間の仕事をすべて肩代わりするという未来はやって来ません」と述べ，人間にしかできない仕事が残ると同時に，AIに代替されない新たな仕事が生まれることを予測しています。しかし，その一方でそういった新しい仕事が「AIで仕事を失った勤労者の新たな仕事になるとは限りません」とも述べています（新井 2018）。つまり，必要とされる仕事と労働者の持っている能力のミスマッチが起きる可能性を指摘しています。そして「労働市場は深刻な人手不足に陥っているのに，巷間には失業者や最低賃金の仕事を掛け持ちする人々が溢れている」という未来予想図を描いています。このような未来の職業変化の予測を，教育者はどのように受けとめればよいのでしょうか。

2 第四の波の到来

トフラーは，その著『第三の波』において，人類の歴史を 3 つの波で区分しました（トフラー 1980）。第一の波が来たのは，農業が始まった約 1 万年前です。この農業革命によって，それ以前の狩猟・採取生活は，農耕・牧畜による安定した食料生産を可能とする生産経済へと大きく移行しました。第二の波が来たのは，18 世紀末から 19 世紀初頭の産業革命の頃です。蒸気機関の開発により，労働や生活のあり方が再び大きく変わり，産業社会に移行します。そして，トフラーは今や脱産業社会という新しい社会に移行しつつあると述べました。脱産業社会の 1 つの形が情報社会であり，第三の波は情報革命とも言えます。アップル社が Apple Ⅱを発売したのは 1977 年，マイクロソフト社が Windows を発売したのは 1985 年です。パソコン，そして，その後普及していくインターネットやスマートフォンによって，私たちの労働や生活は劇的に変化しています。

この歴史からわかるように，人類史上大きな波が来る間隔が徐々に短くなっています。つまり，農業革命から産業革命までは数千年に渡って緩やかに展開しましたが，産業革命から情報革命までの期間は 200 年程度でした。

そして，2010 年代以降，第四の波（「第四次産業革命」や「Society 5.0」とも呼ばれる）が到来していると言われています。第三の波からわずか 30 年しか経っていません。

第四の波を表すキーワードは論者によって異なり，「AI」，「バイオテクノロジー」，「IoT（Internet of Things）」，「デザイン思考」などさまざまです。しかし，いずれの論者も，人類史に位置づく大きな波が再び到来しているという認識に変わりはありません。

単純労働が消滅し，仕事が高度化，複雑化，流動化していく結果，新しい職業が誕生するのは必然です。こうした社会変化の中において，教育者が考えなければならないことは，そこに生きる人間に求められる能力・資質です。こうした，新しい時代における能力・資質への関心こそが，全世界的な教育改革をもたらす原動力になっています。

近年教育現場で取り入れられつつあるアクティブラーニングやオンライン授業といった教育方法の導入は，あくまで教育イノベーションの手段であり，その目的ではありません。むしろ，求められる能力・資質の変化に伴い，その手段である教育方法が変化していると捉えるべきです。では，教育者はどのような能力・資質を次世代の若者に身につけさせたらよいのでしょうか。

3　21 世紀型スキル

本書では，新たな時代に求められる能力・資質を「21 世紀型スキル」と呼びます。「21 世紀型スキル」の必要性が叫ばれるようになったのは，1980 年代以降であり，とりわけ 1990 年代に強調されるようになりました。この頃，日本を含む多くの国々で，身につけるべき能力の修正が行われています。具体的には，これまで重視されてきた読み書き算に代表されるリテラシーと呼ばれる能力に加えて，コンピテンシー，すなわち特定の状況の中でより複雑な需要に応じる能力が重視されるようになりました。

「21 世紀型スキル」の特徴は，初等・中等教育，高等教育，職場における職業教育といった教育のいずれの段階においても，そして，どの国々においても重要だとされていることです（松下 2010）。また，その内容は，認知的な能力から人格の深部にまでおよぶ全体的な能力を含んでおり，かつそれらが教育目標や評価対象として位置づけられていることも特徴です。このように複数の能力基準に基づく選抜や評価のことを「ハイパー・メリトクラシー（“超”能力主義）」と呼ぶ論者もいます（本田 2005, 2020）。

「21 世紀型スキル」は，世界各国のさまざまな機関によって提唱されていますが，以下では代表的なものを紹介します。

3-1　21 世紀型スキル（ACT21S プロジェクト）

2009 年から 2012 年にかけて，世界各国から集められた 250 名の研究者による国際プロジェクト，ATC21S が開始されました（グリフィンら 2010）。このプロジェクトの目的は，情報と知識が中心となる経済体制へシフトしていく中で，仕事の現場で求められる能力は何かを明らかにすることでした。そこで示されたのが 21 世

表 1-1　21 世紀型スキル（グリフィンら 2010）

思考の方法
1. 創造性とイノベーション
2. 批判的思考，問題解決，意思決定
3. 学び方の学習，メタ認知
働く方法
4. コミュニケーション
5. コラボレーション（チームワーク）
働くためのツール
6. 情報リテラシー
7. ICT リテラシー
世界の中で活きる
8. 地域とグローバルのよい市民であること（シチズンシップ）
9. 人生とキャリア発達
10. 個人の責任と社会的責任（異文化理解と異文化適応能力を含む）

紀型スキルです（表 1-1）。ここでは「思考の方法」「働く方法」「働くためのツール」「世界の中で活きる」という 4 つの区分の下，10 の能力が設定されています。

3-2　キー・コンピテンシー（OECD）

2003 年には，OECD（経済開発機構）が「キー・コンピテンシー（核となる能力）」を提唱しました（ライチェン＆サルガニク 2006）。これは，専門家や各国の政策担当者による「コンピテンシーの定義と選択（DeSeCo）」プロジェクトにおいて提唱されたものです。このプロジェクトの目的は，国際的に共通するキーとなる能力を定義し，その評価枠組みを開発することでした。ここでは，「異質な集団で交流する」「自律的に活動する」「相互作用的に道具を用いる」能力，そしてそれらの核心となる「思慮深さ」があげられました（図 1-1）。知識や情報を習得するだけでは不十分であり，「知識や情報を相互作用的に用いる」ことが重要だと強調されています。

3-3　21 世紀型能力（国立教育政策研究所）

2013 年に日本の国立教育政策研究所が提唱したのが「21 世紀型能力」です（図 1-2）。これは 2017・2018 年の学習指導要領改訂に強く影響を与えました。21 世紀型能力は，これまで重視されてきた言語・数量・情報スキルといった「基礎力」に

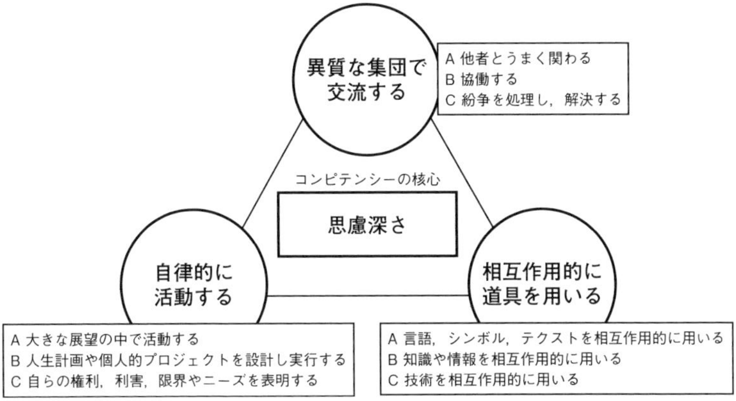

図 1-1　キー・コンピテンシーの構造（松尾 2015）

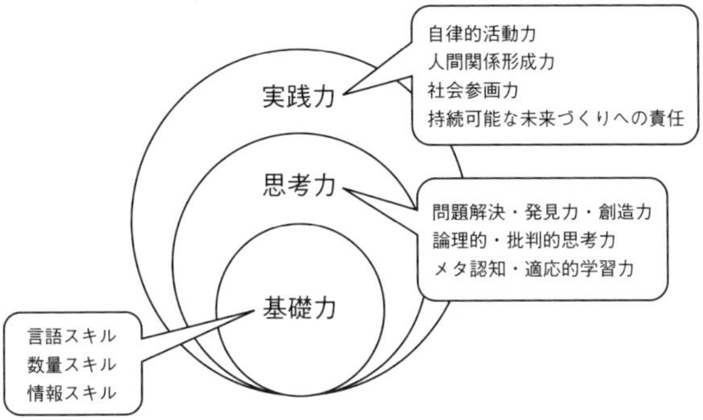

図 1-2　21 世紀型能力（国立教育政策研究所 2013）

加えて，問題解決・発見力・創造力などの「思考力」，そして自律的活動力や人間関係形成力などの「実践力」という 3 つの能力が重層的に設定されています。

3-4　教育の 4 領域フレームワーク（カリキュラム・リデザイン・センター）

このように各国の省庁や教育機関，専門家団体によって作られたさまざまな「21 世紀型スキル」に共通する要素を抽出したのが，アメリカのカリキュラム・リデザイン・センターによって，2015 年に提唱された「教育の 4 領域フレームワーク」です（ファデル 2016）。このフレームワークでは，「知識」，「スキル」，「人間性」，「メタ認知」の 4 つの能力区分が設定されています（図 1-3）。

図 1-3　教育の 4 領域フレームワーク（ファデル 2016）

15 ミニッツ・ワーク

「21 世紀型スキル」と称される能力・資質に関して，以下の問いを通して考えてみましょう。その際，授業場面だけではなく，学級活動，行事，生徒指導，進路指導，部活動といった授業以外の場面についても振り返ってみましょう。

Ｑ1：これまでの教育において，あなたが育成しようとしてきた能力・資質はどのようなものでしょうか。列挙してみてください。なぜそれらの育成に力を入れてきたのでしょうか。

Ｑ2：Ｑ1 で列挙された能力・資質を「21 世紀型スキル」と比較してください。重複しているもの，重複していないものは何でしょうか。重複していないものについては，なぜそれらの育成に力を入れてこなかったのだと思いますか。

02 探究学習の基本知識

1 探究学習の定義

社会から求められる「21 世紀型スキル」をどのような方法で育成したらよいのでしょうか。その方法の 1 つが本書で扱う探究学習です。以下では，探究学習に関する基本知識を学びます。

まずは，その定義からみていきましょう。探究学習は，英語では“Inquiry-Based Learning”あるいは“Inquiry-Guided Learning”と呼ばれます。この用語は，包括的用語（アンブレラ・ターム）であり，その定義や形態は多様です（田中 2019)。たとえば，学習指導要領では，探究学習について明確な定義がなされていないものの，「問題解決的な学習が発展的に繰り返されていく」こと，「物事の本質を自己との関わりで探り見極めようとする一連の知的営み」のことを探究と解説しています（文部科学省 2018b)。また，「ある知識をできあがったものとして学習するのではなく，知識が生成されるプロセスを自らがたどることによって学習を進めるやり方」（田中 2007）とする定義もあります。こうした定義を整理した研究によると，共通して見られる特色として以下があります（Spronken-Smith et al, 2008；田中 2019)。

- 学習は問いや問題によって刺激される
- 学習は知識を構築することと新たな理解のプロセスに基づく
- 為すことによって学ぶことに関与する
- 学生中心のアプローチはファシリテーターとしての教員とともに行われる
- 自己主導学習へと移行していく

本書では，これらを踏まえて，探究学習を「学習者が問いに答える活動を通して，知識創造を行う学習方法」と定義します。すでに，前章では社会の変化により，職業の変化，そして求められる資質・能力の変化が生じていることを見てきました。社会環境の複雑性が増し，次々と想定外の出来事が起こる予測困難なVUCA（Volatility，Uncertainty，Complexity，Ambiguity）時代において，自ら問いを立て，その答えを創造していく能力は不可欠と言えるでしょう。探究学習はまさにこれからの時代に合致した教育方法と言えます。

探究学習に対しては，「探究学習は大学生になってからするべきであり，高校生には基盤となる知識を習得させることが先決だ」，「進学校であればまだしも，非進学校の生徒たちに知識創造は無理だ」という反論もあるかもしれません。スカーダマリアとベライターは、知識創造を、世界を変える発見や発明のように一部の天才が行うものと考えるのではなく、どの生徒も日常的に行っているものと考えるべきだと言います（Bereiter & Scardamalia 2014）。その上で「知識の構築は、教員が生徒にそれができると信じている場合にのみ成功する」と述べています（Scardamalia & Bereiter 2006）。

先行研究では，小学校低学年でも手助けとなるツールさえあれば知識創造は可能なことが明らかになっています（グリフィンら 2014）。もし目の前にいる生徒が探究学習にうまく取り組めなかったり，取り組みたがらなかったりするのであれば，その原因は探究学習の経験が少なかったため，そして探究学習を行うために必要な指導を受けてこなかったためと考えましょう。教員に求められるのは，効果的で魅力的な探究学習をデザインして，どの生徒であっても知識創造に関与できるようにすることです。

2　探究学習の理論

探究学習はいつから始まったのでしょうか。ソクラテス（紀元前 469-399）がその祖だと言う人がいます。ソクラテスはアテナイで，街ゆく人に問いを投げかけて議論をしていました。そして相手に「無知の知」，すなわち自分は何もわかっていなかったということを理解させていたので，そう考えることもできるでしょう。

しかしながら，「探究」という言葉を教育の文脈で使われるようにしたのは，デューイ（1859-1952）です（藤原 2020）。デューイは探究について次のように述べています。

> 「探究と疑問は同義語である。……こうして疑問視できることが，探究を引起す不確定的状況の本質そのものなのである。……不確定で，不安定で，攪乱されていることが，不確定的状況の本質そのものなのである。」(デューイ 2013：111)

つまり，疑問を持つということが探究を引起す出発点だとします。そして，疑問を持つということは，不確定的状況にあることだといいます。デューイは次のようにも述べています。

> 「探究は，非決定の状況から決定され，統合された状況への方向づけられた，または統制された変容である。」(同上：123)

つまり，不確定的状況が整理・統合されて，確定的状況に変化していくプロセスが探究だというのです。

デューイは，ピアジェやヴィゴツキーと並んで，「構成主義」の考えに立つ研究者です。学習をどのような活動と捉えるかについての考えを学習観と呼びますが，「構成主義」はそうした学習観の１つです。これを説明する前に代表的な他の２つの学習観を説明しておきましょう。

まず，学習というものは行動が変わることであるという考えがあります。これは「行動主義」と呼ばれます。行動を変えるには，刺激を与えた後に好ましい反応が起きたときに報酬を与えます。この反応を繰り返させることで行動変容が起こります。

次に，学習というものは教育者が持っている情報を学習者が受容し，それを理解し記憶することであるという考え方があります。これは「認知主義」と呼ばれます。ここでは，人間の脳内における情報処理のプロセスを踏まえた教授・学習方法が求められます。

そして，学習というものは自らの中に意味を構成することであるという考えがあります。これは「構成主義」と呼ばれます。学習の場に参加する各人がグループ討論などを通して知識を社会的に構成していきます。探究学習の背景には，この「構成主義」という学習観が色濃く存在しています。

3 探究学習の実践史

このような理論の影響を受けて展開されてきた，探究学習の実践史を振り返っておきましょう。アメリカではデューイの影響もあって，20 世紀初頭に「新教育運動」が盛んになり，各国に先駆けて「問題解決学習」の実践が広まっていきました。1950 年代から 1960 年代には，デューイの経験主義に基づく教育を批判して，「系統主義」に基づく教育を主張する「教育の現代化運動」が起きますが，ここでは「物理学者がするように物理を学習する」（ブルーナー 1963）という発見学習の重要性が主張されていました。つまり，生活を基盤とするのか，学問を基盤とするのかという違いはあるにしろ，探究学習の重要性は継承されていたと言えます。

日本では，アメリカの「新教育運動」の影響を受け，1950 年代には「生活単元学習」や「問題解決学習」の実践が広がりました。「生活単元学習」の目的は，日常生活の中から問題を発見し，解決していくプロセスを学ぶことであり，ここに探究学習の要素を見出すことができます。その後，こうした教育は「這い回る経験主義」と批判され，それに代わって，より科学的な実験や系統的な知識を重視する教育が登場します。1960 年代に学校現場に広まった仮説実験授業（板倉 2011）は，生徒が問題を中心に構成された「授業書」を読み，仮説を立て，実験を繰り返しながら科学的認識に到達することを目指した授業方法です。ここにも，探究学習の要素があります。

その後，1970 年から 1980 年代にかけて受験競争が過熱し，知識の暗記を主な目的とする標準テストに対応する教育が普及するのと同時に，探究学習の実践はかつてほどの広がりを見せなくなります。

一方，1980 年代から 1990 年代には「生活科」や「総合的な学習の時間」といった新たな教科・科目が誕生しました。これらの教科・科目の実践は，知識の暗記に偏った教育を問い直す契機となりましたが，単に情報を収集し要約して発表するという，浅い学習にとどまったものも少なくありませんでした。

2010 年代に入ると，大学入試センター試験の廃止を視野に入れた入試制度改革の議論が始まります。そこでは，各国で進む「21 世紀型スキル」を重視した教育システムへの転換を意図した議論がなされてきました。そして，2022 年度以降の学習指導要領においては「古典探究」「地理探究」「理数探究」「総合的な探究の時間」など，「探究」という名のついた教科・科目が誕生します。

これまで授業における探究学習の実践を振り返ってきました。一方で，授業以外の場面にも注目してみましょう。日本の学校教育において重視されてきた，ホームルーム活動，文化祭や体育祭などの学校行事，あるいは生徒会活動や部活動などの正課外教育活動といった教育場面においては，隠れた探究学習が展開されてきたと言ってよいかもしれません。なぜなら，こうした正課外教育活動においては，生徒は答えのない問いに向き合い，その答えを探究しているからです。不思議なことに，このことを自覚している教員は多くありません。

このように歴史を振り返ると，日本の学校では探究学習が実践された過去があることがわかります。また，探究学習を教えた経験がない，あるいは少ないと認識している教員であっても，授業以外の教育場面では探究学習を取り入れた実践を行ってきている可能性もあります。

4　探究学習の教育方法

ここでは探究学習の教育方法である徒弟制について説明します。徒弟制は，親方が職場で働きながら徒弟に対して技能を伝承する教育のことであり，一般的には封建的な人間関係のもとで行われる一昔前の教育方法と理解されています。しかし，ブラウンらは「認知的徒弟制」という概念を使って，この伝統的な教育方法の再評価を行い，学校教育にも応用可能であることを示しました（Brown et al., 1989）。このモデルでは学習プロセスを次の6つの戦略に分けて可視化しています（表2-1）。

このモデルを，探究学習に応用することができます。まず，①モデリングの段階では，モデルとなる探究活動を生徒に見せます。教員自身が探究学習者としてモデ

表2-1　認知的徒弟制の6つの戦略（Brown et al., 1989）

①モデリング（modeling）	教育者が学習者に行為を見せ，学習者に観察して学ばせる
②コーチング（coaching）	教育者は学習者に実際に課題に取り組ませて，細かくフィードバックを行う
③足場かけ（scaffolding）	教育者が補助しながら，学習者にできることを任せてていくと同時に，補助を減らしていく
④関連づけ（articulation）	教育者の問いかけにより，学習者に自分がやっていることを言語化させ，知識と課題への取組を関連づけさせる
⑤振り返り（reflection）	教育者は，学習者に自身の課題への取り組みを振り返るよう促す
⑥探究（exploration）	教育者は，課題への取り組みを内面化させ，次の目標や課題をつくるよう促す

ルになり，そのプロセスを生徒に教えます。教員が現在取り組んでいる研究でもよいですし，大学時代に行った研究を紹介してもよいでしょう。生徒にとって身近な上級生をモデルにすれば，さらに学習動機を喚起できるでしょう。たとえば，上級生の探究学習発表会に下級生を参加させたり，生徒が過去のレポートやポスターを閲覧できるようにしたり，先輩から指導・助言を受ける機会を作ったりします。

②コーチングの段階では，生徒に探究学習をさせながら，その手順を１つひとつ教えていきます。間違っていれば，その行動の修正を促すフィードバックを行い，正しければその行動を肯定するフィードバックを返します。ここで留意すべきことは，主たる指導対象は，探究学習の進め方であって，その内容ではないことです。

③足場かけとは，たとえば，自転車の乗り方を教えるときに，補助輪をつけることです。この段階では，アドバイスやヒントを与えながらも最終的には生徒一人で探究学習ができるように徐々に自立させていきます。自立に近づけば，フィードバックの数を減らしていきます。この段階でも，頻繁にフィードバックがあると，生徒は常に教員の顔色を窺って探究学習を進めるようになります。とはいえ，教育しないということとは違います。教員の関与は，助けを求められた時に支援したり，時々応援したりしてあげることにとどめます。

④関連づけ，⑤振り返り，⑥探究はいずれも最終段階に位置づくものです。この段階では，教員の補助がなくても，生徒が自立して学習できるようになることが理想です。探究学習において必要となった知識は何かを説明させたり，一連の探究プロセスの良かった点や改善点を記述させたり，次の課題や目標を宣言させたりします。

認知的徒弟制と関係する概念として，「発達の最近接領域」と「正統的周辺参加論」があります。徒弟制においては，新入りの徒弟は直接親方から手ほどきを受ける機会はほとんどありません。その代わりに，先輩から学んでいきます。つまり，新人の徒弟とそのモデルである親方との間には「タテの関係」が存在し，新人は苦労を共にする同輩と「ヨコの関係」で支え合っています。そして，実際に教育指導が行われるのは先輩と新人の間，つまり「ナナメの関係」においてです。

この「ナナメの関係」が，「発達の最近接領域」（ヴィゴツキー 2001）と呼ばれるものです。発達の最近接領域とは，完全に一人で問題解決が可能な発達レベルと，補助を得ることによって問題解決が可能なレベルの間の領域を意味しています。たとえば，一人ではうまく問いがつくれないけれども，先輩の助けを借りればつくれるという領域です。発達段階に合わせた，ちょうどよい難易度の課題が最も発達を

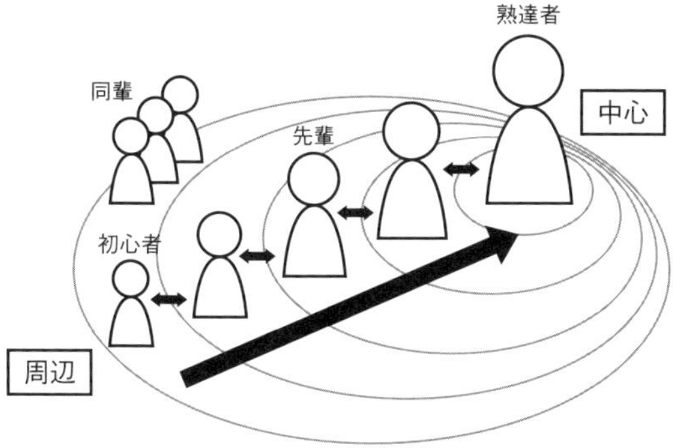

図 2-1　正統的周辺参加論

促進するというわけです。このように，新人は周辺部分から徐々に中核部分にいる親方に近づきながら，期待される行為を学習していきます。新人であっても周辺からの参加であっても，「正統なメンバー」に変わりありません。これが「正統的周辺参加論」（図 2-1）という考え方です（レイブ＆ウェンガー 1993）。

徒弟制における教育というのは，このようにタテ・ヨコ・ナナメの人間関係で構成される，学びの共同体に参加することと捉えられます。

5　探究学習の教育・学習観

探究学習の理論や実践史を踏まえると，探究学習を教える際には，伝統的な教育・学習観からのパラダイムシフトが求められます。

①生徒観の変化：知識受容者から知識創造者へ

1つ目は，生徒観の変化です。つまり，教員が生徒を知識受容者から知識創造者と位置づけ直すことです。学年や能力を問わず，すべての生徒は知識創造が可能であると認識する必要があります。

②教員観の変化：知識提供者から知識媒介者・探究学習者へ

2つ目は，教員観の変化です。教員が自分自身を知識提供者から知識媒介者へと位置づけ直すということです。探究学習を教える教員から「自分が指導できない分野のテーマ・課題を生徒が探究することを望んだとき，どう指導したらよいのか」

という質問をよく受けることがあります。教員の専門外の探究テーマ・課題に取り組む生徒に対して，教員ができることは何でしょうか。生徒が知識創造者であると考えると，教員がすべきことは知識を提供することから，知識の在り処や知識を保有している人物を紹介したり，知識の収集・変換・発信方法を教えたりすることに移っていきます。また，教員自身も探究学習者として，生徒の問いについて一緒に探究したり，自身の問いについて探究する姿を見せたりすることが求められます。探究学習の共同体の一員として，教員自身が探究者でなくてはなりません。

③学習観の変化：個人学習から実践を共有する共同体への参加へ

3つ目は，学習観の変化です。生徒の学習を個人が知識を学習するプロセスではなく，探究という実践を共有する共同体へ参加するプロセスとして位置づけ直すということです。これは，探究学習をグループで実施しなければならないという意味ではありません。たとえ個人で取り組む場合でも，同じ問いを共有する他者，時に時代や場所を超えた他者とともに探究に取り組んでいると考えるという意味です。

「タテの関係」である教員や専門家との関係，「ナナメの関係」である先輩や大学生・大学院生との関係，そして「ヨコの関係」である同級生との関係の中に，探究学習に取り組む生徒を位置づけてみましょう。

教員がやるべきことは，さまざまな人たちで構成される探究学習の共同体を生徒本人が見つけ，その共同体に段階的に参加していく支援をすることです。

15ミニッツ・ワーク

本章で示された内容とあなたが取り組んでいる探究学習を比較しながら，以下の問いについて考えてみましょう。

Q1：あなたが取り組んでいる探究学習は，探究学習と言えるでしょうか。そう言える根拠は何でしょうか。そう言えないとすれば，なぜでしょうか。

Q2：あなたが取り組んでいる探究学習の質を高めるためにはどうしたらよいでしょうか。

03 探究学習のモデル

1 探究学習の７つのステップ

本書では，探究学習をデザイン，実施，評価するためのモデルを７つのステップに分けて説明します。本章では，その概要を説明します。

表 3-1　探究学習の７つのステップ

ステップ	概要
第１ステップ： テーマ・課題を見つける	探究するテーマと課題を特定します。
第２ステップ： 問いをつくる	探究する問いをつくります。
第３ステップ： 目標を立てる	探究学習を通して，どのような能力・資質を身につけるのかを決めます。
第４ステップ： 計画を立てる	どのような学習活動をどのような順番で生徒が経験するのかを計画します。
第５ステップ： 問いを探究し答えをつくる	生徒が計画に基づいて，問いを探究し，答えをつくります。教員はその活動を支援します。
第６ステップ： 学びを評価する	探究学習の途中や終了段階で，学習成果とそのプロセスを評価します。
第７ステップ： 学びを振り返る	一連の探究学習の学習成果とプロセスを振り返り，次に探究学習を行う際に活かせるようにします。

2 探究学習の2つのアプローチ

探究学習の実践を展開する上で多くの教員が悩むことに，教員が主体となるのか，生徒が主体となるのかという問題があります。この点について参考となるのが，トリリングとファデルが作成した「プロジェクト学習自転車」モデル（Trilling & Fadel 2009）です（図3-1）。

このモデルでは，教員が回す前輪と生徒が回す後輪がうまく連動することによって，効果的な学習が進んでいくことを表しています。車輪には，プロジェクト学習の4段階（テーマ・課題・問いの特定，計画，実施，振り返り）が設定されていますが，前輪と後輪の違いはその割合です。特に「実施」の割合が，教員に比べて生徒の方が大きくなっています。

また，ハンドルの左グリップには「問い」が，右グリップには「課題」が位置づけられています。ベルが「評価」で，ブレーキが「スピードとタイムマネジメント」です。

ここで示された自転車の両輪は，探究学習の2つのアプローチとして捉えることができます。つまり，教員が主体となるアプローチと生徒が主体となるアプローチです。

7つのステップに2つのアプローチを組み合わせたのが，「探究学習の7つのステップと2つのアプローチ」モデルです。つまり，「学習者中心アプローチ」では生徒が主体であり，「教育者中心アプローチ」では教員が主体となります。このモデ

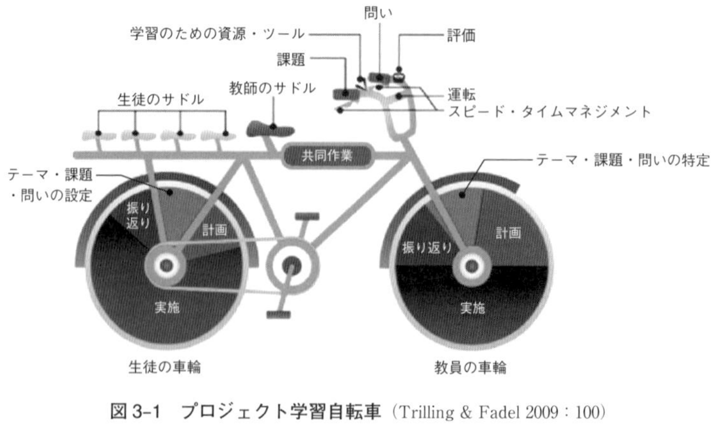

図3-1　プロジェクト学習自転車（Trilling & Fadel 2009：100）

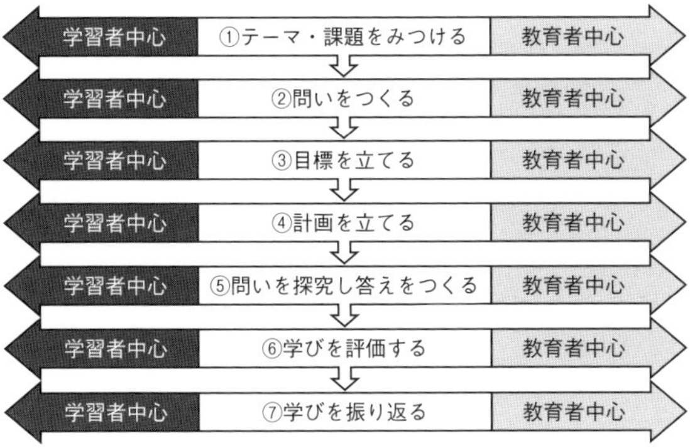

図 3-2　探究学習の 7 つのステップと 2 つのアプローチ

ルに従えば，教員が主体か生徒が主体かという問いに対する唯一の最適解は存在しないことになります。また，両者のバランスは各ステップで異なっても構いません。探究学習をデザインする教員が，目の前の生徒の状況や各校の文脈にあわせて，ステップ毎に最適なバランスを設定できます。以下，本書ではこのモデルに従って探究学習をデザイン，実践，評価する具体的な方法を説明します。

3　探究学習の 4 つのレベル

教育者中心と学習者中心アプローチの最適バランスを検討するにあたって，目安となるのがバンチとベルによって提唱された探究の 4 つのレベル（Banchi & Bell 2008）です（表 3-2）。

レベル 1 は「確認のための探究」であり，最も教育者中心のアプローチです。教員が作成した問いに対する結果が事前に示されており，生徒は探究の基本原則を確認します。既存の考え方を定着させたい場合，探究学習をまず経験してもらいたい場合，データの収集や記録といった特定の探究スキルを生徒に持たせたい場合に有効です。

レベル 2 は「構造化された探究」であり，レベル 1 と同じく教員が作成した問いと進め方が提示されていますが，生徒には自ら調べたエビデンスに基づき，答えをつくりあげて説明することが求められます。

レベル 3 は「ガイド付きの探究」であり，教員が作成した問いだけが提示され，生徒は自ら考えた進め方で探究学習を進めます。学習時間が十分にとれ，さまざまな方法で実験や調査を実施し，データを集めることができる場合に最も効果をあげる

表 3-2　探究の 4 つのレベルと生徒に与えられる情報（Banchi & Bell 2008）

レベル	問い	進め方	答え
レベル 1：確認のための探究（Confirmation Inquiry） 教員が作成した問いに対する結果が事前に示されており，生徒は探究の基本原則を確認する。	✓	✓	✓
レベル 2：構造化された探究（Structured Inquiry） 教員が作成した問いと進め方が提示され，生徒は自ら探究学習を進める。	✓	✓	
レベル 3：ガイド付きの探究（Guided Inquiry） 教員が作成した問いが提示され，生徒は自ら考えた進め方で探究学習を進める。	✓		
レベル 4：自由な探究（Open Inquiry） 生徒が作成した問いを，生徒が考えて選んだ進め方で探究学習を進める。			

ものです。

レベル 4 は「自由な探究」であり，最も学習者中心のアプローチです。生徒は，研究者同様，自らが作成した問いを，自らが選んだ方法で探究学習を進め，その答えを他者に伝えることが求められます。生徒には十分な科学的思考が必要となります。

これら 4 つのレベルの探究学習をどのように配置すべきでしょうか。たとえば，高校 1 年生にはレベル 1 の探究学習を，3 年生にはレベル 4 の探究学習をさせるというように，学年とレベルを連動させることもできます。一方で，1 年生からレベル 4 の探究学習をさせるというように，何度も繰り返し学ばせることもできます。まずは，実施してみて，うまくいかなければ配置を変えてみるとよいでしょう。また，当該探究学習の前後に別な探究学習が配置されている場合は，両者のレベルの調整を行うとよいでしょう。

15ミニッツ・ワーク

あなたが取り組んでいる探究学習のレベルに関わって，以下の問いについて考えてみましょう。

Q1：あなたが取り組んでいる探究学習のレベルは，4つのレベルのいずれのものでしょうか。

Q2：目の前の生徒を想定した時，そのレベルは適切なものになっているでしょうか。修正するとすればどのレベルに設定し直しますか。

Q3：あなたが取り組んでいる探究学習の前後には，他の探究学習が配置されていますか。もし配置されている場合，両者のレベルは調整されていますか。

高校事例Q＆A①

Q 1. 探究学習と調べ学習はどう違うのでしょうか。調べ学習で終わらせないためにどのような指導や工夫をしていますか。

福井県立
高志高等学校

「調べ学習」は，テーマについて調べたことを発表するのみ，であるのに対して，「探究学習」は，生徒が自ら設定したテーマ・課題に対し情報収集，情報の整理・分析，結論のまとめとプレゼンテーションなどを行うことで，課題解決に必要な思考力・判断力・表現力などを養う学習，と捉えています。すなわち，調べてゴール，ではなくて調べたところからスタートして，問題を解決するための提案や商品を考えるなど，その先まで行うことをゴールとしています。

本校のグローバルコースでは，「調べ学習」に終わらないようにするためにフィールドワークを実施するとともに，最終的には新たな提案を行うことを目標に置いています。

たとえば，2019年度は，企業と連携した探究活動を行い，海外研修の行き先の国に福井の魅力を伝えるための商品を考えて作ってみよう，ということを大枠として決めました。新たなものを提案するためには新しい発想が必要となり，必然的にただ調べているだけではできないので，海外研修などの機会にフィールドワークで市場調査をして，自らデータ収集を行うところまでつながっていきます。また，研修では，海外・国内研修ともに，必ず研修先において，自分たちのテーマに沿う調査をしてくる，というミッションを課しています。自ら生のデータを取ることによって，既存の情報を調べるだけではない活動になっていきます。

清教学園
中・高等学校

すでにわかっていることを調べてまとめる，自分の趣味や興味のあることをその範囲を超えることなく調べてまとめることにとどまっているのが「調べ学習」，問いを立てること，すでにわかっていること（先行研究）を複数調べあげること，問いに対する答えとして根拠をもとに考察や推察をまとめることが「探究学習」だと考えています。問いはまだ解明・解決されていないこと，社会的に意義があることが重要で，学習の入り口として自分の趣味や興味から始まってもいいと思いますが，自分の趣味の範囲内で終わるのではなく，探究テーマ・問いが社会とつながっていることを生徒に求めています。

本校では，高１の最初の半年間で，問題の発見・問いの立て方・資料の探し方のモデルを提示しながら，教員主導で学ぶ機会をつくっています。その後，高１の後半で１テーマ，高２の１年間で１テーマの探究活動に取り組ませています。その間，発表機会を３回設け，自らの気づきを修正できるようにしています。探究のサイクルを繰り返し，何度もフィードバックを受ける中で，単に調べ学習で終わっていないかに気付かせるようにしています。また，社会とのつながりを意識させやすいようにSDGsを大テーマとして設定しています。ただそうすると，当たり障りのないことを取り上げる生徒も多いので，テーマ設定の導入の際に工夫を入れています。たとえば，パフォーマンス課題のように提示する，これまでの研究テーマ一覧を見せる，昨年度の研究を相互に批評し合ってから次のテーマ設定に必要なことを考えさせるなどです。

探究学習においても「調べる」ことは必須ですが，そこから探究学習まで引き上げるために，教員からは，仮説を立ててみよう，社会に繋げて考えてみよう，実際に資料に触ってみよう，フィールドワークに行ってみよう，といったアドバイスを行っています。また，本校の探究では，最終的に，取り上げた課題に対し自分たちはどう取り組むべきか，というアクションプランを考えることも求めています。具体的な解決策の提案を課すことが，調べ学習にとどまらない活動にするとともに，生徒たちに主体的に取り組む意識をもたせることにもつながっていきます。

兵庫県立
兵庫高等学校

研究と言えるためには，学習指導要領「総合的な探究の時間」の目標で言う「新たな価値を創造」するものとなっているかが重要です。そのために，研究可能な課題を設定しているか，明らかにすることが新しいものなのか，を一緒に検証しながら研究活動を行っています。

新しいかどうかは，まず，論文等を探して，先行研究があるのかどうかを確認させています。そのうえで，「その中にあなたが言おうとしていることが含まれているのなら研究にはならない。そこからまだ新たな何かを主張できる部分がある，または，残されている部分に少しでも言及できるのなら研究です。」という指導をしています。しかしながら，時間が限られているので，全ての先行研究を網羅的に確認することはできません。そういう時の目安として，担当教員にもアドバイザーの大学の先生にも答えがわからない問題は研究として成り立つのではないか，というのが経験的にあります。特に自然科学分野の高度な内容などは判断が難しいものも出てきます。そんな時に，専門家の先生から，「これは既に先行研究があるからそれを明らかにするのは研究ではないが，題材をこう変えれば研究になるのではないか」といった具体的なアドバイスをもらうこともあります。

Q 2. 自分の専門外のテーマの指導をどうしていますか。また，生徒に対してどのような関わり方をすればよいでしょうか。

福井県立
高志高等学校

本校では，企業と連携して事業課題に関連する課題研究を行っています。そのためほとんどの担当の先生にとって専門外のテーマとなります。そこで本校では，担当の先生にはファシリテーター的な役割をお願いしています。

具体的には，生徒に毎回授業の最後に研究ノートを提出してもらい，今日は何がどこまで進んだかを必ず報告させています。先生には，その際に進捗状況の把握をしてもらうとともに，生徒の報告の疑問点について質問してもらったり，課題研究が脱線している場合には軌道修正のお手伝い等をしてもらいます。先生から，その内容に詳しくないがゆえに出てくる疑問などをそのまま生徒にぶつけてもらったり，揺さぶりをかけてもらったりして，生徒たちが自分たちの方向性をさらに修正していってもらえればよいと考えています。探究の指導は，体育や家庭科，芸術などいろんな教科の先生が担当しています。担当の先生で対応できないものについては各授業のチーフの教員にあげてもらい，各学年に１名いるチーフが対応する仕組みになっています。最終提案については福井大学および経済同友会，協力して頂いた企業の担当者の前で発表し，フィードバックを頂いています。

兵庫県立
兵庫高等学校

本校では，探究の各分野について大学の先生に協力いただいているので，教員がわからないことについては大学の先生に相談できるような体制を整えています。高校の教員は，生徒の方向がずれかけたり，路頭に迷いかけたりしたときに，軌道修正をする役割で，基本は生徒達と一緒に探究しています。「自分の専門外のテーマ」であれば，自分の知らないことを知ることもできますので，生徒と一緒にやって楽しみましょう，というスタイルでやっています。

また，担当教員のハードルをあげないように心がけています。特に自然科学分野の場合は，いくらでも難しい研究になり得るので，テーマを高校生目線の身近な問題に設定するようアドバイスをしています。研究のレベルは，高校と大学の間くらいを目安にして，研究の基礎的な手法を学ぶことに主眼を置き，高度な内容は大学に入ってからやればよいと考えています。

社会科学分野の指導では，適切な行政文書や専門書，先行研究論文を見つけさせることが重要です。そして，その専門書や論文のどういうところが自分の研究のプラスになるのかを明らかにさせて，おかしな点がないか，教員がチェックをしています。また，地域で実施されるセミナー等に参加させ，専門家とネットワークを構築するよう促しています。そこに教員も一緒に参加をすれば，教員も専門的な知識を身につけることができます。

生徒への関わり方については，あくまでも生徒のサポートを行うという考え方で指導しています。定期・不定期の面談や発表の中での質疑応答を通して生徒の考えを引き出すことを心がけています。たとえば，グループ面談の時には，４人のグループメンバー全員に発言させ，それに対して教員からさまざまな質問を投げかけることにより，生徒たちに考えさせ，答えが出ないときには全員で考えさせています。その時にコミュニケーションツールとして役に立つのがワークシートです。考えをワークシートに書かせて，その内容をプレゼンさせ，質疑応答を行っています。

清教学園
中・高等学校

本校には図書館司書がいますので，学校図書館で司書教諭に相談させ，リファレンスを利用させています。教員が指導できるテーマは限られているので，良い書籍や論文，資料にあたらせ，自分で情報を収集することが肝要と思います。生徒が調べてきたことの不明瞭な部分や聞いていて矛盾することに教員がツッコミをすることで，生徒がまた調べ直し，情報を精査することの繰り返しです。ただ，テーマによっては収集できる情報だけではわからないこともあるので，専門家や関係者にフィールドワークをさせています。事前にアポイントを取り，電話やメール，訪問により生徒がお話をうかがっています。

とはいえ，教員のツッコミ力も経験などにより個人差があります。そのため，同じ学年を担当する教員が集まって，どのようにアドバイスするのがよいかなど，お互いに相談してシェアする場も設けています。なお，探究の授業はすべて本校の教員が行っており，外部講師や専門家を招いての講義は行っていません。

生徒への指導のスタイルは，探究の方法（問いの立て方，情報収集の仕方，論の立て方，参考文献の書き方等）は教授型ですが，生徒たちの探究の時間中は１つずつチームを回り，問いを投げかける，アドバイスを与える等をしています。なかなか進まないグループがいる場合には，ある程度最初は様子をみています。発表会などの締め切りが近づいてきても進んでないようだったら，そのグループの状況に応じてアドバイスをします。また，自主的に相談に来るグループへの対応も行っています。

第2部

探究学習のデザイン

04 ステップ1 テーマ・課題を見つける

1 テーマ・課題とは何か

ここからは探究学習の7つのステップを順に説明します。

ステップ1は，探究する「テーマ・課題を見つける」です。「探究テーマ（research themes）」とは，探究の主題，中心となる題目，キーワードのことで，抽象度は高いものです。たとえば，「商店街」や「地域活性化」がこれにあたります。学習成果の例としては，「商店街の歴史」や「魅力的な店舗の紹介」の発表などが想定されます。探究テーマから学習を始めると，調べた情報を要約して発表するような，浅い学習になる可能性があります。

探究テーマをより絞り込んだものが，「探究課題（research problems）」です。不確かさ，困難，理想と現状の間にあるギャップや矛盾，解決すべき問題のことです。たとえば，「商店街の店主の高齢化」，あるいは「客数減少に伴う商店街としての活動の停滞」というのは探究課題です。学習成果の例としては，「商店街の活性化案」の発表や実践などが想定されます。探究課題から学習を始めると，課題解決学習になる可能性があります。

次の章で詳しく取りあげますが，「探究上の問い（research questions）」についても説明します。探究上の問いとは，探究課題から想起された疑問のことです。リサーチクエスチョンといった方が生徒には伝わりやすいかもしれません。これは，疑問文で表現される必要があります。たとえば，「商店街の客足は曜日や時間帯によってどのように変化するのか」というのは探究上の問いです。このような問いをつくることができれば，生徒がやるべき作業を絞り込めます。

探究学習と課題解決学習との違いは，課題解決の必要性の有無にあります。課題解決学習では，課題を解決することが目標になりますが，探究学習では必ずしもそれは求められていません。たとえば，商店街の活動の停滞という課題について，課題解決学習では活性化案などを学習成果とするのが一般的ですが，探究学習では商店街の客数を１カ月に渡って収集・分析した調査結果を学習成果としても構わないということになります。

2 テーマ・課題の決定主体を決める

生徒が取り組む探究テーマ・課題を決める方法を特定しましょう。まずは決定主体，つまり誰が決めるのかを決めましょう（表 4-1）。ここでは，「教員決定型」「教員提示・生徒選択型」「生徒決定型」の３つの種類に分類しています。「教員決定型」は教育者中心アプローチ，「生徒決定型」は学習者中心アプローチ，「教員提示・生徒選択型」は両者の中間のアプローチに対応します。それぞれメリット，デメリットがあるので，使い分けましょう。

表 4-1　探究テーマ・課題の決定主体別類型

	説明	特徴
①教員決定型	教員がテーマ・課題を決める	・教員が指導しやすい ・生徒全員同じテーマ・課題に取り組ませることもできる ・生徒の動機づけが難しい
②教員提示・生徒選択型	教員がいくつかの選択肢を示して，その中から生徒が選ぶ	・教員の指導のしやすさと生徒の動機づけを両方得られる
③生徒決定型	生徒が自ら探究テーマ・課題を決定する	・教員が指導しにくい ・生徒によって取り組むテーマ・課題が異なる可能性が高い ・生徒の動機づけがしやすい

3 テーマ・課題の内容を決める

次は，どのような内容の探究テーマ・課題にするのかを決めましょう（表 4-2）。ここでは，学習指導要領で示されている４つの課題に，学問上の研究テーマ・課題を加えた５つに分類しています（文部科学省 2018a）。

「①生徒の興味・関心に基づくテーマ・課題」は，自分が抱える悩み，日常的な疑問，趣味，好きなことに関連するものです。

「②職業や自己の進路に関するテーマ・課題」は，将来就きたい仕事や進学を希望する大学に関して知りたいこと，悩み，疑問に基づくものです。

「③地域や学校の特色に応じたテーマ・課題」は，大阪市の課題，○○商店街の課題といったものです。

「④横断的・総合的なテーマ・課題（現代的なテーマ・課題）」は，SDGsなど，地域や学校にとどまらない社会や世界の課題に基づくものです。世界的な環境問題や人権問題がこれにあたります。

「⑤学問上の研究テーマ・課題」というのは，学問研究上明らかになっていないものです。大学と連携しながら探究学習を進める場合，大学教員や大学院生の研究の一部を高校生が体験する場合などはこれにあたるでしょう。

それぞれの研究テーマ・課題にはメリット，デメリットがあるので，使い分けま

表4-2　探究テーマ・課題の内容別類型（文部科学省（2018a）を参考に一部修正）

	例	特徴
①生徒の興味・関心に基づくテーマ・課題	自分が抱える悩み，日常的な疑問，関心，趣味，好きなこと	・生徒の動機づけをしやすい ・教員が指導しにくい ・浅い探究学習になる可能性がある ・先行研究を見つけにくい ・グループで取り組む際は工夫が必要となる
②職業や自己の進路に関するテーマ・課題	将来就きたい仕事や進学先に関して知りたいこと，疑問	・生徒の動機づけをしやすい ・将来実際に直面するものであり有用度が高い ・社会課題や学問に関心の低い生徒でも取組みやすい
③地域や学校の特色に応じたテーマ・課題	○○市の課題，○○商店街の課題	・生徒にとって身近な内容となる ・同じ地域内にフィールドがあるので調査がしやすい ・グループで取り組みやすい
④横断的・総合的なテーマ・課題（現代的なテーマ・課題）	SDGsに関連する諸課題，未来の日本社会が抱える諸課題	・資料などが豊富にある ・将来実際に直面する可能性があり有用度が高い ・探究に独自性を出すのが難しい ・関心をもたない生徒がいる ・グループで取り組みやすい
⑤学問上の研究テーマ・課題	遺伝子組換え実験，遺跡発掘調査	・先行研究を見つけやすい ・大学進学希望者の動機を高めることができる ・大学進学時には評価してもらいやすい ・テーマによっては，大学教員や大学院生からの協力を得る必要がある ・関心をもたない生徒がいる

しょう。もちろん，これらのどれか１つを選択しなければならないというわけではありません。フリー課題であり社会課題であるというように複数の類型が重なることもあります。

研究テーマ・課題の決定主体と内容は，生徒の学習レベルによって使い分けるとよいでしょう。たとえば，１年生では，大阪市の抱える課題を教員が複数提示して生徒が選択する（教員提示・生徒選択型），２年生では，生徒が取り組みたいものを自由に決める（生徒選択型）というようにデザインします。一方で，１年生から，生徒が自由に探究課題を決定して，それを在校中に数回繰り返し螺旋型で探究学習を深めていくようにデザインすることもできます。

15ミニッツ・ワーク

あなたが取り組んでいる探究学習のレベルに関わって，以下の問いについて考えてみましょう。

Ⓠ1：探究テーマ・課題は誰が決めていますか。その方法は適切だと思いますか。もし適切ではない場合，どの方法が適切だと思いますか。

Ⓠ2：探究テーマ・課題の内容はどのようなものですか。その内容は適切だと思いますか。もし適切ではない場合，どの内容が適切だと思いますか。

05 ステップ 2 問いをつくる

1 探究に不可欠な問いづくり

学習指導要領では，「総合的な探究の時間」における生徒の探究プロセスを以下のように解説しています（文部科学省 2018b）（図 5-1）。

「①日常生活や社会に目を向けた時に湧き上がってくる疑問や関心に基づいて，自ら課題を見付け，②そこにある具体的な問題について情報を収集し，③その情報を整理・分析したり，知識や技能に結び付けたり，考えを出し合ったりしながら問題の解決に取り組み，④明らかになった考えや意見などをまとめ・表

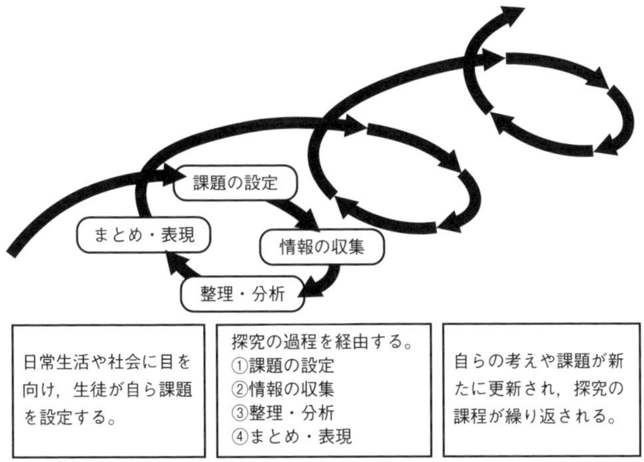

図 5-1　探究における生徒の学習の姿（文部科学省 2018：12）

現し，そこからまた新たな課題を見付け，更なる問題の解決を始める」

ここで探究は，課題発見と解決のプロセスとして説明されています。しかし，これは探究学習というよりは，課題解決学習のプロセスのように思われます。すでに見たように，探究学習とその他の教育方法の大きな違いは，「探究上の問い」の有無にあります。その点を明確にするため，本書では，問いをつくるというステップを，テーマ・課題を見つけるステップとは分けて説明しています。

尚，すでに出版されている探究学習の指導書の中には，探究上の問いに対する仮説を立てる必要があると書かれているものもありますが，学問分野によっては仮説が立てにくいものもあります。たとえば，実験を伴うような理学や工学といった学問分野においては仮説が立てやすく，歴史学や文学では仮説が立てにくいと言われます。そのため，本書では仮説の立て方については言及していません。

2 子どもはたくさん質問をする

改めて問いをつくるという行動について考えてみましょう。先行研究によれば，2歳から5歳の子どもたちが大人とやりとりをしている様子を記録したところ，子どもは1時間につき平均して107回の問いかけをしたと言います（Chouinard 2007）。なぜ，子どもはこのように多くの問いかけをするのでしょうか。それは，問うという行動が認知能力を発達させるために不可欠なためと説明されています。

さて，このようにたくさんの問いかけをしていた子どもたちはその後どうなっていくのでしょうか。子どの質問期は2・3歳頃に始まって5・6歳頃がピークと言われています。6歳と言えば，小学校の入学段階です。なぜその時期に質問をしなくなるのでしょうか。子どもの認知や心理の発達段階にその原因を求める人もいますし，学校教育制度や文化，教員の振る舞いに求める人もいます（バーガー 2016）。学校教育における問いの位置づけについては，この後，再度考えてみましょう。

3 問いづくりはイノベーションにつながる

問いをつくる能力は，職場においても重要視されています。ジャーナリストのバーガーは，デザイナーや発明家，エンジニアにインタビューしながら，彼らの多くが，疑問を抱いて質問する能力が高いことに気づきました（バーガー 2016）。そして，問いづくりとイノベーションには関連性があると言います。また，創造的で成功しているビジネスリーダーの多くが卓越した質問家であることから，質問の多さと出世のスピードは比例するとも述べています。そして，複雑化する世の中においては，知識を豊富に持っていることの価値は低下し，問いを立てる力の価値が高まっているにもかかわらず，その方法について企業も学校も教えていないことを問題視しています。

4「生徒が問いをつくる」教育に変える

「教員が問いをつくる」という教育から「生徒が問いをつくる」教育に変えることで教育改革を進めているのが，アメリカ・マサチューセッツ州で高校生の中退問題に取り組むロスステインとサンタナです（ロスステイン＆サンタナ 2015)。学校では，伝統的に教員が問いをつくり，それに対して生徒が答えるという風景が日常的です。しかし，彼らは，それを逆転させることによって，生徒の学びは大きく変わると主張しています。

彼らは，子どもたちの中途退学の防止プロジェクトに関わる経験を通して，親たちから「子どもたちの教育についてはとても心配しているが，何を尋ねたらいいのかわからないので，学校でのミーティングに行ったことがない」と聞きます。そこで彼らは親の代わりに質問をつくってあげていました。しかし，この方法では，「親たちは子どもたちの問題に対して効果的に対処するだけの能力や自信をもてるようにはならないし，学校の職員とよい関係を築くこと」もできなかったのです。彼らは「私たちへの依存関係を助長しているだけだった」と述べています。そこで，問いそのものではなく，問いのつくり方を教えなければならないことに気づき，20年にもわたる取り組みが開始されることになったのです。

5 問いづくりを社会参加につなげる

目の前の生徒に対して，問いのつくり方を教えることを想像してみてください。この話をすると，「うちの生徒たちには難しい」「うちの生徒にはレベルが高すぎる」と言う教員がいます。本当にそうなのでしょうか。

ロスステインらは，「多くを問う者は多くを学び，多くを保持する，民主主義を実践するためのスキルとしてこれほどインパクトの大きいものはない」（ロスステイ

ン & サンタナ 2015）と述べています。問いがつくれない保護者は，学校や政府に対して批判もできません。学校や政府の方針に対して，問うことなく受け入れてしまいます。

問いをつくれないということは民主主義を揺るがす大問題であると認識する必要があります。たとえば，地域の社会課題に関する探究学習を実施する際に，問いをつくれない生徒がいるとすれば，その高校生は地域社会に参加していないということを意味しているかもしれません。問いがつくれないという問題は高校生だけの問題ではありません。日本の教育において，かつて問いのつくり方を明確に教えてきたことがあったでしょうか。教えていないとすれば，なぜでしょうか。

学校で問いのつくり方を教えると，教員からすれば厄介なことが起きるかもしれません。授業中に，あるいはホームルームで，あるいは全校で，生徒たちがさまざまなことに疑問を抱き，動き始めるかもしれません。それを考えると，問いのつくり方を教えない方が安心です。小学校も中学校も，場合によっては大学や職場であっても，状況は同じかもしれません。

このように，探究学習を通して問いのつくり方を教えることはラディカルなことです。デューイが探究学習の祖であることはすでに述べましたが，彼は教育と民主主義社会の形成を関連づけ，共同的な活動のなかで自由に探究的な経験を積むことが，人々の民主的なあり方を生むと述べた人物でもあります（デューイ 1975）。

6　問いのつくり方を教える

ステップ 2 では実際に問いをつくりますが，生徒にその方法をどのように教えればよいのでしょうか。以下では，問いづくりの指導方法を，①問いのパターンを教える，②問いを生み出すプロセスを教える，③良質な問いの例を示す，④良質ではない問いの例を示す，⑤問いの価値を判断する方法を教える，という 5 つに分類して説明します。

6-1　問いのパターンを教える

探究学習に求められる問いに共通するパターンを抽出し，それを教えることで，問いづくりの方法を教えることができます。

1）Q 思考

バーガーは，多くのイノベーターにインタビューした結果，彼らの質問の仕方に1つのパターンがあることに気づき，それを美しい問いづくりのためのQ思考と名づけました（バーガー 2016）。Q思考は，3つのステップで問いをつくります。

ステップ1　「なぜ」
　理想とはほど遠い状況に遭遇し「なぜ」と問う段階。
ステップ2　「もし～だったら」
　改善策のアイデアを思いつき始める段階。多くは仮説のかたちで現れる。
ステップ3　「どうすれば」
　それらの可能性の1つに注目し，それを現実に移そうとする段階。

2）5W1H + YES/NO

後藤らは，探究すべきキーワードに対して，「5W1H」質問と「YES/NO」質問を組み合わせることで，仮説を含んだ問いのつくり方を中高生に教えています（後藤ら 2014）。たとえば，「地球温暖化」というキーワードに，「誰が地球温暖化を引き起こしているのか」という問いと，「それは事実か」という問いを組み合わせることで，「先進国が地球温暖化を引き起しているというのは事実か」という問いをつくることができます。

表5-1　キーワードにぶつける5W1H質問

Who	主体	誰が？	Why	因果	なぜ？
What	定義	どういう意味？	How	経緯	いかにして？
When	時間	いつから？		様態	どのように？
		いつまで？		方法	どうやって？
Where	空間	どこで？		当為	どうすべきか？

表5-2　キーワードにぶつけるYES/NO質問

信憑性	事実か？
比較	ほかでどうか？
特殊化	これについては？
一般化	これだけか？
限定	すべてそうなのか？

6-2　問いを生み出すプロセスを教える

クエスチョン・バースト

グレガーセンは，問いのブレインストーミング手法として，クエスチョン・バーストという方法を提案しています（グレガーセン 2020）。ここでは，複数人で問いをブラッシュアップしていくことが想定されています。

ステップ 1　準備

関心がある課題を選ぶ。その課題を新たな角度から考えるのを手伝ってくれる人を何人か集める。課題について 2 分で説明する。

ステップ 2　問いを生み出す

4 分で課題についての問いを出し合う。他のメンバーの発言に対して反対意見は述べてはいけない。15 〜 20 個以上の問いを出し，それを書き取る。

ステップ 3　問いを分析する

ひとりで書き取った問いを読み返す。興味を引かれた問いや自分とは違うと思われる問いを数個選ぶ。これらの問いに対して，5 回なぜをぶつけながら，掘り下げる。自分が選んだその問いがなぜ重要なのか，理由を考える。探究に乗り出す決断をする。

6-3　良質な問いの例を示す

良質な問いは，深い思考を必要とする探究学習をもたらします。良質な問いの例を模範として示すことによって，問いづくりを促すことができます。その際は，できるだけ多くの例を示すとよいでしょう。オックスフォード大学やケンブリッジ大学の入学試験問題などはその好例です（ファーンドン 2011）。

- 大型で獰猛な動物はなぜこんなに少ないのでしょうか（オックスフォード大学）
- カタツムリには意識があるでしょうか（オックスフォード大学）
- もし，地面を地球の裏側まで掘って，その穴に飛び込んだらどうなりますか（ケンブリッジ大学）

6-4　良質ではない問いの例を示す

良質ではない問いは，浅い思考しか必要としない探究学習をもたらします。良質ではない問いの例を示すことによって，そういった問いをつくらせないようにすることができます。後藤らの「問いであっても論題にならないもの」のリストには，そうした例が列挙されています（後藤ら 2014）。

・大きすぎる論題
・高度に専門的な知識を必要とする論題
・予想・予言の類
・「how to」もの
・調べたことを羅列するだけのもの
・調べればすぐにわかるもの

大学で教える戸田山は中でも「漠然とした大きな問い」を問題視しており，「卒業論文指導のほとんどが，問題の絞り込みに費やされるのがふつうだ」と述べています（戸田山 2002）。

6-5　問いの価値を判断する方法を教える

問いのつくり方を教える際に，教員が問いに価値づけをしてしまうと，生徒はその価値に沿った問いをつくろうとします。しかしながら，最終的には生徒本人が問いの価値を判断できるようにならなければ，自ら問いをつくり続けることはできません。生徒に問いの価値を判断する方法を教えることもできます。

1）問いの規模と深度モデル

問いには「規模」と「深度」があることを教えることで，その適切さを生徒が判断できるようにします（図 5-2）。いずれも基準は相対的であり，与えられた条件によって適切さは異なります。

問いの「規模」とは大小のことです。たとえば，「今日のランチで私はラーメンかカレーのどちらを食べるか」という問いと，「グローバル社会において人類はどう生きるべきか」という問いがあったとします。もし，1時間で自分なりの答えをつくらなければならないとすれば，前者の問いは小さすぎますし，後者の問いは大きすぎるでしょう。一方，一生かけて問い続けるのに相応しい問いとして考えれば，後

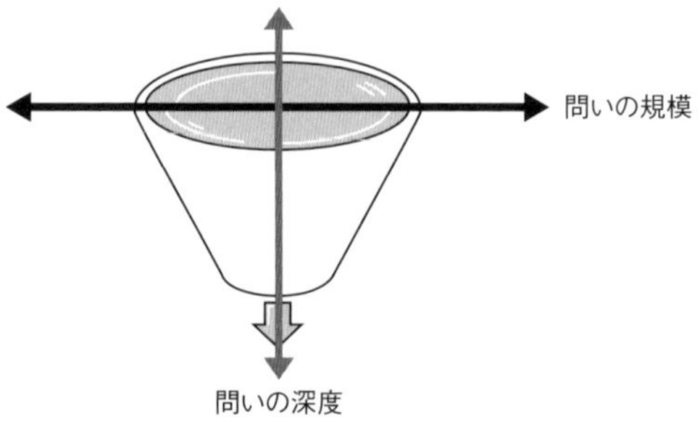

図 5-2　問いの規模と深度モデル

表 5-3　認知レベル別の問い（Anderson & Krathwohl (2001) を参考に作成）

レベル	目　的	具体例
記　憶	学習内容の暗記と再生	定義は？／誰が？／何を？／いつ？／どこで？ 例：「この商店街はいつ作られたのか」
理　解	学習内容の意味の構築	比較すると？／解釈すると？／言い換えると？／説明すると？ 例：「この商店街の特徴を他の商店街と比較して説明するとどうなるか」
応　用	学習内容の実行・使用	分類すると？／使ってみると？／応用してみると？／選択すると？ 例：「この分類方法を使って，商店街の課題を分類するとどうなるか」
分　析	学習内容の要素分解・相互関連づけ	分析すると？／結論づけると？／理由は？／推測すると？／なぜ？ 例：「なぜ 2000 年代に入って，この商店街には人が来なくなったのか」
評　価	チェックと批評による判断	判断すると？／決定すると？／判定すると？／あなたの意見は？／賛成か反対か？／正しいか，間違っているか？／良いか，悪いか？ 例：「この商店街の活性化案の中で最も優れたものはどれか？その理由は何か」
創　造	各要素のまとめ，新しいパターンや構造に再編成	まとめあげると？／新たなパターンや構造に再編するとすれば？ 例：「この商店街の活性化案を，他の商店街でも応用可能なものにするとした場合，どのようにまとめればよいか」

者は適切な規模かもしれません。レポートや論文を書く際には大きすぎる問いは問題視されることも多いですが，仕事や人生においては視野の大きな問いを立てる能力は欠かせないとも言われています（グレガーセン 2020)。

問いの「深さ」とは認知レベルの高低のことです（次章で詳しく説明します）。問いを，低次の「記憶」から，高次の「創造」までの各レベルに分類することができます（表5-3）。

たとえば，「この商店街はいつ作られたのか」という問いの答えはインターネットで検索すればわかるかもしれません。このような問いは，「記憶」レベルの浅い問いです。一方で，「この商店街の活性化案の中から最も優れたものはどれか，その理由は何か」という問いは，「評価」レベルの深い問いです。探究に必要な時間は，浅い問いでは短く，深い問いでは長くなります。

2）3つの問いモデル

佐藤は，学びを「対象との対話」，「他者との対話」，「自己との対話」の3つの対話的実践として捉え，これを「対話的学びの三位一体論」と呼びました（佐藤 1995）。また，小出は，学習の過程を「ボクとモノ」との対話（対象意識），「ボクとオマエ」との対話（他者意識）を通して，「ボクとボク」との対話つまり自己意識が形成されていく過程だとしています（小出 1996）。

こうした学習観からヒントを得て作成したのが3つの問いです。3つの問いとは，「社会・世界に関する問い」，「他者に関する問い」，「自己に関する問い」です。生徒がつくった問いをこの3つに分類させてみましょう。小出が「対象意識では認識能力が，他者意識では判断能力が，自己意識では表現能力や反省能力が問われる」と述べているように，それぞれの問いに基づく探究学習を通して身につく能力は異なるものとなるでしょう。生徒にどの問いに価値を置くのかを決めさせてみましょう。

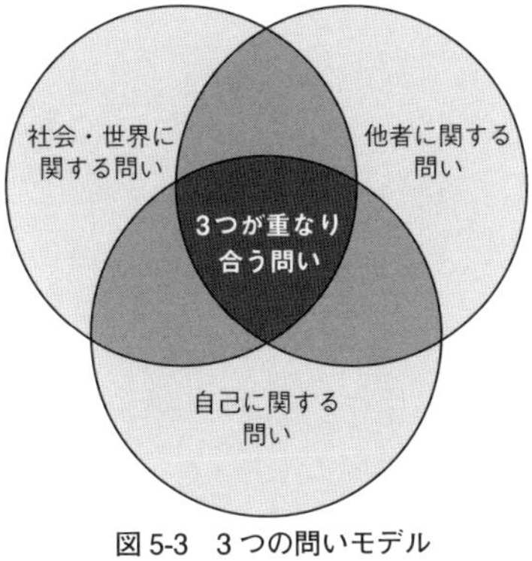

図5-3　3つの問いモデル

3つが重なりあう問いをつくれれば，複数の能力を身につけることができると同時に，複数の学習動機を伴った探究学習にすることができるかもしれません。

3）QFT モデル

ロスステインらによって考案された，問いづくりの技術（Question Formulating Technique）は，生徒たちが教員の助けなしで質問をつくり出せるようにするものです（ロスステイン & サンタナ 2015）。すでに多くの国々で QFT を取り入れた授業実践が展開されており，日本でも実践例が生まれています（西山・佐藤 2020；氷見・木村 2018）。開発当初の QFT は数多くの手順から構成されていましたが，回数と年月を重ねるうちに洗練され，現在は7つの手順で構成されています。

【7 つの手順】

1. 教員が「質問の焦点」を考える。
2. 教員がシンプルな 4 つのルールを紹介する。
3. 生徒たちが質問をつくる。
4. 生徒たちが自分のつくった質問を「閉じた質問」[1] と「開いた質問」[2] に分類し，それぞれを書き換える。
5. 生徒たちが質問に優先順位をつけて選択する。
6. 選ばれた優先順位の高い質問を使って，教員と生徒が次の行動計画を立てる。
7. 一連の質問づくりのプロセスを振り返る

7つの手順を進める際には，4つのルールを守ることが求められます。

【4 つのルール】

1. できるだけたくさんの質問を出す。
2. （それらの質問について）話し合ったり，評価したり，答えを言ったりはし

1）「閉じた質問（クローズドクエスチョン）」は，「はい」か「いいえ」で答えられる質問，もしくは簡単な言葉で答えられる質問。

2）「開いた質問（オープンクエスチョン）」は，説明が必要な質問，「はい」か「いいえ」で答えられない質問，もしくは簡単な言葉で答えられない質問。

ない。

3. 発言のとおりに質問を書き出す。
4. 肯定文として出されたものは疑問形に転換する。

このうち最も重要かつ守るのが難しいのが２つめのルールだとされています。教員は生徒がつくった質問を評価してはいけない，生徒同士も話し合ったり，評価をしたり，答えを言ったりしてはいけないというルールです。こうして，他人の意見に左右されずに，生徒が自分自身で問いに優先順位をつけることで，質問の価値を判断できるようにしているのです。

15ミニッツ・ワーク

QFTの７つの手順を簡易にした以下の３つの手順で，実際に質問をつくってみましょう。

[1：質問をつくる（4分間）]

質問の焦点は，「探究学習を教える」です。思いついた質問を，下記の表の左欄に書き出していきましょう。生徒にとってではなく，教員にとっての質問をつくって下さい。質問文の頭には番号を振っておきましょう。

表　「探究学習を教える」を焦点とした質問

左欄	右欄

[2：つくった質問を改善する（9分間）]

次は質問を分類していきます。「閉じた質問」には「△」,「開いた質問」には「○」をつけてください。文頭の番号部分に印をつけるとよいでしょう。

分類し終わったら，右欄に書き換えた質問を書いてください。「閉じた質問」は「開いた質問」に,「開いた質問」は「閉じた質問」に変換します。書き換えやすいものから変換してください。

[3：質問に優先順位をつける（2分間）]

その質問に優先順位をつけます。たとえば,「勤務校の仲間とぜひ話し合いたい質問」を3つ選んで，上位から1番，2番，3番と順位をつけてください。

時間があれば，同僚とつくった質問を共有してください。その際は4つのルールを守りましょう。

06 ステップ3 目標を立てる

1 身につける能力を決める

ステップ3では，目標を立てます。探究学習の目標とは，探究学習を通してどのような能力を身につけさせたいのかを表現したものです。学習指導要領には探究学習の目標が示されています（表6-1）。

これらの目標に加えて，すでにみた「21世紀型スキル」も参考にしてより具体的な目標を立てます。尚，ステップ2（問いをつくる）と同様，教育者アプローチで教員が目標を立てることもできますし，学習者アプローチで生徒が目標を立てることもできます。後者の場合は，目標の立て方を教えた上で，「この探究学習を通して自分はどんな力を身につけたいか，どんな力を身につけるべきか」を生徒に列挙させるとよいでしょう。

表6-1　総合的な探究の時間の目標（文部科学省 2018a）

探究の見方・考え方を働かせ，横断的・総合的な学習を行うことを通して，自己の在り方生き方を考えながら，よりよく課題を発見し解決していくための資質・能力を次のとおり育成することを目指す。

(1) 探究の過程において，課題の発見と解決に必要な知識及び技能を身に付け，課題に関わる概念を形成し，探究の意義や価値を理解するようにする。

(2) 実社会や実生活と自己との関わりから問いを見いだし，自分で課題を立て，情報を集め，整理・分析して，まとめ・表現することができるようにする。

(3) 探究に主体的・協働的に取り組むとともに，互いのよさを生かしながら，新たな価値を創造し，よりよい社会を実現しようとする態度を養う。

2 ルールに従って目標を立てる

目標を設定する際には，ルールがあります。以下で示す５つのルールに従って，目標を記述すると，評価がしやすくなります。

①生徒を主語にして「○○できる」と動詞で終止させる

目標は動詞で終止させると評価しやすくなります。たとえば，「アイデア出し」ではなく，「アイデアを出すことができる」にすると判断しやすくなります。生徒にとっても目標として認識しやすくなります。

②原則として，１つの文章に１つの動詞を書く

１つの文章に複数の動詞が入っていると，１つ目の目標は達成できているのに，２つ目の目標は達成できていないということが生じます。評価が複雑になるためこれを避けます。複数の動詞を使用したいのであれば，目標の数を増やすとよいでしょう。「原則として」とつけたのは，使われている複数の動詞が主従関係にある場合，たとえば，１つ目の動詞が２つ目の動詞の前提条件となっているような場合は使用してもよいでしょう。

③観察可能な具体的な行動として書く

評価は目に見える行動を評価するものであり，目に見えない行動については書かないようにします。たとえば，「理解する」という動詞は，理解したかどうかを判断するのが困難であるため，使わないようにします。その代りに，「口頭で説明できる」「記述できる」というように観察可能な動詞を使います。

④条件（制約・制限）や基準（数字など）があれば書き入れる

これによって，判断基準が明確になり，学習成果を評価する際のブレを軽減して公平性を高めると同時に，期待されている行動を生徒にわかりやすく示すことができます。その代わり，評価時の柔軟性は減少します。書き入れる際にはどこまで厳密に示すかを慎重に判断しましょう。

⑤認知領域・運動領域・情意領域に分けて書く

これについては以下で詳しく説明します。

3　領域に分けて書く

目標を設定する際の五番目のルールは，認知領域・運動領域・情意領域に分けて書く，でした。これは1940年代から1970年代にかけて行われた，教育目標分類という研究に基づいています。さまざまな教育プログラムを集めて分類した結果，目標は認知領域，運動領域，情意領域という3領域に分類されたのです（図6-1）。

たとえば，地域の商店街の活性化を探究課題としましょう。この探究学習を通して，身につけてもらいたい能力を列挙していきます。まずは，「商店街の歴史と特徴について説明できる」という目標を立てます。しかし，それだけでは浅い学習にとどまってしまいます。「集めた知識を踏まえて，商店街の活性化策を提案できる」という目標を加えましょう。これらは，認知領域の目標です。

次に，「商店街の店主やお客さんにインタビュー調査を行い，それを要約できたり，動画を撮影・編集し，インターネットに公開できる」という目標も立てます。これらは，技術やスキルと呼ばれる運動領域の目標です。

最後に，「商店街のために優れた活性化案を作ろうという意欲を高める」という情意領域の目標も追加します。感情，信念，考え方，意欲，関心，態度といったものがこれに該当します。

これらを目標として整理すると表6-2のようになります。このように領域別に分けて記述すると，求められている能力をわかりやすく生徒に示すことができます。

伝統的に教育目標はこの3領域で分類されてきましたが，各領域のうちどこに重点を置くかは，時代や地域によって変化します（本田 2020）。日本では，認知的領域の汎用的な学校的「能力」が長らく重視されてきましたが，1980年代に入り「生

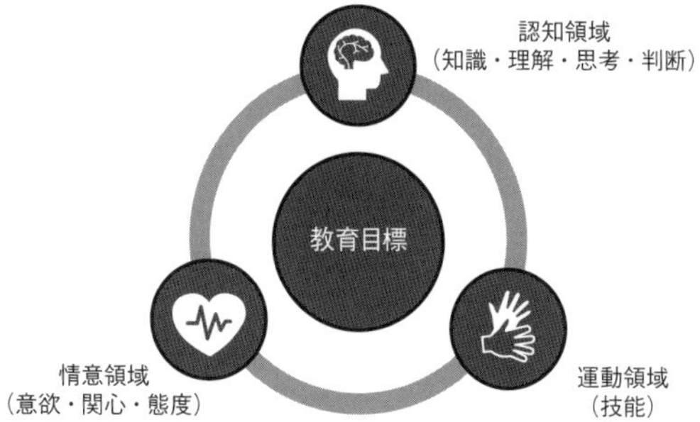

図6-1　教育目標分類における3つの領域（梶田（2010）を参考に作成）

表 6-2　商店街の活性化を課題とした探究学習における目標例

1. 認知領域
1-1. 商店街の歴史や特徴について他者に説明できる。
1-2. 調べた内容を踏まえ，商店街の活性化策を提案できる。
2. 運動領域
2-1. 商店街の関係者に適切な方法でインタビュー調査を行うことができる。
2-2. インタビュー内容を要約できる。
2-3. 動画を撮影・編集・公開できる。
3. 情意領域
3-1. 商店街の活性化のために貢献しようという意欲を高める。

きる力」や「人間力」といった情意領域の能力にまで拡張され，2000 年代に入るとさらに情意領域を強調する変化も見られます。

また，領域の内容や区分も時代によって変化します。たとえば，第 1 章で見た「21 世紀型スキル」も新たな領域の 1 つです。学力の三要素（①基礎的な知識・技能，②思考力・判断力・表現力等の能力，③主体性・多様性・協働性）も，伝統的な領域とは区分が異なります（中央教育審議会 2014）。

このように能力の領域に普遍的なものはありませんが，同じ高校内で教科や学年によって異なる領域が使用されると生徒が混乱するので，学校単位では共通のものを使うとよいでしょう。

4　目標に使用する動詞を選ぶ

目標を表現する際，使用することが推奨されている動詞のリストがあります（表 6-3）。この中から動詞を選ぶとよいでしょう。

最初は認知領域の動詞です。「具体的に述べることができる」「計画することができる」「説明することができる」というような基本的な能力から，「仮説を立てる」「定式化する」「証明する」というような応用・発展的な能力を表す動詞があります。

次は，運動領域の動詞です。道具や器具の使用を想定した「工夫する」「動かす」「操作する」といったものから，身体を使った「走る」「跳ぶ」「投げる」という動詞もあります。

最後は，情意領域の動詞です。ここにでは主にコミュニケーションに関わる動詞が列挙されています。コミュニケーション能力は文脈によって，認知領域や運動領

表 6-3　認知領域の目標に使用する動詞（中島 2016）

列挙する　述べる　具体的に述べる　記述する　説明する　構成する　命名する　再構成する　計画する　見つける　分類する　比較する　一般化する　類別する　区分する　区別する　指摘する　関係づける　判断する　予測する　選択する　同定する　測定する　分析する　配列する　系統化する　正当化する　合成する　分離する　計算する　質問する　帰納する　検証する　結合する　決定する　対応する　対照する　選別する　適合する　概括する　要約する　解釈する　描写する　叙述する　推論する　適用する　演繹する　結論する　批判する　評価する　指示する　収集する　賛同する　発表する　報告する　暗唱する　再生する　判定する　確認する　求める　定式化する　証明する　仮説を立てる　生み出す　製作する　修正する

表 6-4　運動領域の目標に使用する動詞（中島 2016）

感じる　始める　模倣する　工夫する　動かす　実施する　創造する　操作する　調べる　準備する　測定する　混ぜる　配合する　調整する　走る　跳ぶ　投げる　反復する　打つ　止める　入れる　防ぐ　かわす　持ち上げる　引く　押す　倒す　削る　つなぐ　組み立てる　書く　描く　運転する　修理する

表 6-5　情意領域の目標に使用する動詞（中島 2016）

尋ねる　助ける　討議する　寄与する　始める　協調する　見せる　表現する　感じる　協力する　参加する　反応する　応える　系統立てる　受容する　配慮する　相談する　示す

域に入れる場合もあります。

5　レベルを設定する

教育目標分類では，目標を3領域に分けているだけではなく，目標を低次のものから高次のものまでレベルも分けています（表 6-6）。認知領域では6段階，情意領域と運動領域では5段階に分けられています。どの領域の，どのレベルの目標達成を求めるのかが決まると，目標を設定しやすくなります。

認知領域では，最低次に「知識を記憶する」という目標が，最高次に「知識を創造する」という目標が位置づけられています。勘違いすべきでないのは，低次だからといって軽視してよいわけではないということです。「知識を創造する」という高次の目標を達成するためには，低次の目標が達成されていなければならないからです。「知識量が不足している状況で，探究学習をさせても質の高い探究学習にはならない」という批判がありますが，これには一理あります。ただし，意図的にそのような状況を経験させることに意味がないわけではありません。知識が不足していることを自覚することで学習動機が高まることもあるからです。

運動領域では，まずは技能を模倣することから始めます。教員や上級生をモデル

表6-6　教育目標分類（改訂版）（梶田（1978），Anderson & Krathwohl（2001）を参考に作成）

高次　6.0	創　造		
5.0	評　価	自然化	個性化
4.0	分　析	分節化	組織化
3.0	応　用	精密化	価値づけ
2.0	理　解	巧妙化	反　応
低次　1.0	記　憶	模　倣	受け入れ
	認知領域	運動領域	情意領域

にするとよいでしょう。慣れてくると，技能は巧妙になり，最終的には自然に行動することができるようになります。

情意領域では，まずは他者を受け入れて，その他者からの問いかけに反応ができるという目標を達成できた後，最終的にはその人の個性として定着します。

15ミニッツ・ワーク

Ⓠ1：探究学習を通して，身につくことが想定される能力にはどのようなものがあると思いますか。思いつくものをすべて列挙しましょう。

Ⓠ2：Ⓠ1で列挙した能力と，あなたが取り組んでいる探究学習の目標を比較してみましょう。どのような違いがありますか。

Ⓠ3：教育目標分類（表6-6）を使って，あなたが取り組んでいる探究学習の目標の領域とレベルを特定してみましょう。たとえば，「認知領域」の「創造レベル」，「情意領域」の「個性化レベル」というように特定します。

Ⓠ4：分類した結果を分析すると，どのような特徴がありますか。たとえば，「認知領域の記憶レベルが多い」などです。

07 ステップ4 計画を立てる

1 学習活動をデザインする

ステップ4では，問いを探究するための計画を立てます。具体的には，どのような学習活動をどのような順序で配置するかを決めます。以下では，まず探究学習における学習活動を分類した3つのモデルを紹介します。そして，各学習活動をスケジュールに落としこむ方法を紹介します。

尚，本書では，フィールドワークをどのような手順で行うか，プレゼンテーションをどう効果的に行うか，レポートをどのように書くかといった，学習活動の詳細な手順や方法については言及していません。すでに良書が出版されているので，そちらを参照してください（後藤・伊藤・登本 2014；岡本 2017, 2019；小笠原・片岡 2019）。

1-1 探究フロー 4R モデル

探究フロー 4R モデルは，探究学習を「Review（見直す）」・「Research（追及する）」・「Report（知らせる）」・「Reflection（ふりかえる）」の4つの学習活動で構成されています（市川 2009）（表7-1）。

まず「Review（見直す）」です。つまり先行研究をしっかりと調べることから始めます。これによって，これから探究することについてどんな先行知識を持っているか，何を知らないかを明らかにします。そして次が「Research（追及する）」です。フィールドワーク，インタビュー，実験，資料活用といった方法を使います。次に，収集した情報をいかにまとめ，表現し，伝えるかを工夫する必要があります。それが「Report（知らせる）」です。最後は，「Reflection（ふりかえる）」です。探究学習全体を自己評価と相互評価によって振り返ります。

表 7-1　探究フロー 4R モデル（市川（2009：198）を一部改変して使用）

Review （見直す）	・何を知っているつもりになっているか？ ・何を知らないか？（既有知識・先行体験を探る） ・興味・関心，問題意識を高める ・テーマに関する「本質に迫る問い」を返す
Research （追及する）	・疑問解明，課題解決，仮説検証のための活動を計画する ・何度も多面的に調査・実行する ・現地・現物・現人と出会い情報を得る（自分の目，手，足で確かめる） ・資料を集め読み込む
Report （知らせる）	・集めた資料，データを整理する ・グループで議論して解釈する ・報告のために「作品化」する（冊子，模造紙，劇，模型等） ・わかりやすく伝える工夫をする
Reflection （ふりかえる）	・新たなつながりが見えたか？ ・何がまだわからないか？ ・やり残したこと，不完全だったことは？ ・納得できる「作品」ができたか？（成果物・プレゼンの出来具合） ・知識は広がり，理解は深まったか

1-2　NAD モデル

NAD（Narrate・Analyze・Design）モデルは，情報活用型プロジェクト学習を短時間でデザインするための方法として開発されたものです（稲垣 2020）。ここでは，学習活動カードを使って，探究の物語を描くことが想定されており，学習活動は「収集」・「編集」・「発信」の 3 つに大分類されています。小分類されたすべての学習活動をあわせると 26 種類あります（表 7-2）。教員もしくは生徒が，カードを並べながら学習活動をデザインしていきます。

表 7-2　NAD モデル　学習活動カード（稲垣 2020：126-131）

収　集	a. 課題づくり，b. 図書，c. ウェブ，d. アンケート，e. インタビュー，f. 観察・実験，g. 体験，h. 統計資料，i. 映像
編　集	〈整理・分析〉 j. 集約，k. 比較，l. 関連づけ，m. 論理，n. 創造 〈表現〉 o. 表・グラフ作成，p. レポート，q. 新聞，r. ポスター・パンフレット，s. プレゼンテーション，t. 動画，u. 工作・プログラム，v. 劇
発　信	w. 発表・イベント，x. 展示・公開，y. 対話，z. ふりかえり

1-3　ABC 学びのデザインモデル

ABC 学びのデザインモデル（Arena Blended Connected Learning Design，以下 ABC モデル）は，2014 年にロンドン大学で開発された授業設計法です（Young & Perovic 2016）。

このモデルでは，学習活動が書かれたカードを並べて，ストーリーボードを作成します。このストーリーボードでは，対面学習と ICT を組合わせた多様な学習活動とその順序を表現することができます。本モデルは，探究学習のために作られたものではありませんが，探究学習で一般的に使われる学習活動が網羅されています。

ABC モデルでは，学習活動を「習得」・「調査」・「討論」・「協同」・「実践」・「創造」の 6 つに分類しています（表 7-3）。教員もしくは生徒はこの 6 つの学習活動のうち，どれをどの順番で体験するかを考え，ストーリーボードに並べていきます。これらの学習活動例は，カードの裏面に書かれています。学習活動例は，従来型の伝統的な学習方法と ICT を活用した学習方法に分けて表示されており，両者を組み合わせたブレンデッド学習をデザインしやすくなっています（表 7-4）。

尚，本モデルで使用されている教材は，ウェブ上でクリエイティブコモンズライセンスとして公開されており，ダウンロードして自由に使用することができます。

表 7-3　ABC 学びのデザインモデル　6 つの学習活動（カードの表面）

（ロンドン大学ウェブサイト https://blogs.ucl.ac.uk/abc-ld（最終確認日：2021 年 1 月 5 日））

習　得 (Acquisition)	学習者が，講義やオンライン授業を聞いたり，本やウェブサイトを読んだり，実演やビデオを見て学ぶこと。
調　査 (Investigation)	学習者が，概念や意見に関連する文章・文書・その他の資源を探索したり，比較したり，批評したりすること。
討　論 (Discussion)	学習者が，問いと自らの意見とをつなぐこと。そして，教員や仲間からの問いや意見に対して批判したり，応えたりすること。
協　同 (Collaboration)	学習者が，調査や習得に基づいて，知識創造のプロセスそのものに参加すること。実践し，制作することを含む。
実　践 (Practice)	学習者が，目標達成のために行動を起こしたり，次の行動に向けて改善するためにフィードバックを使ったりすること。
創　造 (Production)	学習者が，自分が概念として理解したことを実際に使ってみることを通して，学習内容を統合すること。

表7-4　ABC 学びのデザインモデル　6 つの学習活動の具体例（カードの裏面）
（ロンドン大学ウェブサイト　https://blogs.ucl.ac.uk/abc-ld（最終確認日：2021 年 1 月 5 日））

学習活動	従来の方法	ICT を活用した方法
習得	・本や論文の読解 ・講師のプレゼンや講義を対面で受講 ・デモンストレーションの視聴 ・専門家による特別授業の受講	・マルチメディアやウェブサイト，デジタル文書・情報の読解 ・ポッドキャストやウェブキャストの聴取 ・アニメーション動画やビデオの視聴
調査	・文字で書かれた手引きを利用した調査 ・配付資料や情報における意見や情報の分析 ・従来の方法でデータ収集・分析 ・文書同士の比較 ・意見や情報の探索と評価	・オンライン上でのアドバイスやガイダンスを利用した調査 ・デジタル情報において意見や情報の分析 ・デジタルツールを使ったデータ収集・分析 ・デジタル文書同士の比較 ・デジタルツールを使った意見や情報の探索と評価
討論	・チュートリアル ・少人数セミナー ・グループ討論 ・全体討論	・オンラインでのチュートリアル（個別指導） ・オンラインセミナー ・メールでの討論 ・オンライングループ討論 ・電子会議室での討論 ・同期・非同期型ウェブ会議ツール
協同	・少人数グループによるプロジェクト ・他者のアウトプットに関する議論 ・協同でのアウトプットの形成	・他者のアウトプットに関する議論をするために，オンラインフォーラム，wiki，チャットルームなどを活用した少人数グループによるプロジェクト ・協同でデジタルでのアウトプットの構築
実践	・実践の練習 ・実践型プロジェクト ・実験室での実験 ・現地調査 ・対面でのロールプレイ	・模型利用 ・シミュレーション ・MicroWorlds などのプログラミング ・バーチャル実験室での実験 ・バーチャル現地調査 ・オンラインでのロールプレイ
創造	・意見陳述 ・エッセイ ・レポート ・報告書 ・デザイン ・実演 ・作品 ・アニメーション ・模型 ・ビデオ ・日誌 ・ポートフォリオ	・デジタル文書の作成 ・保管 ・デザイン ・実演 ・作品 ・アニメーション ・模型 ・情報源 ・スライドショー ・写真 ・ビデオ ・ブログ ・e ポートフォリオ

2 スケジュールを立てる

探究学習の学習活動を配置したあとは，具体的なスケジュールを決めます。たとえば，「○月○日までに各種調査を終えること。○月○日までに発表資料を提出すること」というように，生徒に提示するのが最も簡易な方法ですが，学習活動のステップ数が多いとうまく進められない生徒もいます。そうした生徒のためには，学習活動を細かく区切って示す必要があります。ここでは，①ルーブリック，②ガントチャートという二種類のツールを紹介します。

2-1　ルーブリック

ルーブリックについてはステップ6で詳しく説明しますが，求められるパフォーマンスを尺度毎に記述した評価基準のことです。このルーブリックをスケジュール管理に活用できます（表7-5）。ルーブリックに，週ごとにやるべき課題を記述することができます。定期的に，完了した課題をチェックして提出させたり，Googleドキュメントで共有設定をしておけば，いつでも進捗状況を把握できます。また，それにコメントをつけて返却することで，フィードバックも簡単にできます。

2-2　ガントチャート

緻密にスケジュールを立てるツールとして広く知られているのが，ガントチャートです（図7-1）。ガントチャートとは，横軸に時間，縦軸にメンバーや学習活動を配置し，作業毎に学習活動の開始日や完了日の情報を帯状に表したものです。個人としての探究学習はもちろん，グループでの探究学習を実施する際に有用なツールです。

ガントチャートのフォーマットは，インターネット上で見つけることができますし，ガントチャートを作成することに特化したソフトウェアもあります。

教員が大まかな枠組みだけを作成し，細かな部分を生徒に作らせることも可能です。その際は，上級生が作成したガントチャートを例示すると参考になるでしょう。

表 7-5　スケジュール管理を兼ねたルーブリック

課題：調査対象者と連絡をとり，インタビュー調査を実施し，その内容を A4 × 1 枚以内にまとめて，口頭で発表しなさい。

観　点	やるべきこと	フィードバックコメント
1. 調査対象者との連絡 （第 1 週）	□連絡先を探す。 □メールの正しい書き方，電話の正しいかけ方について調べる。 □メールの原稿を作る，電話の台本を作る。 □連絡をとり，実際に会ったり，電話をかけたりするための約束（アポ）をとりつける。	
2. インタビュー調査 （第 2 〜 3 週）	□事前に作成したインタビューシートに基づき調査を行う。 □インタビュー時は録音する。 □訪問時のマナーを守る。	
3. 報告書の執筆 （第 4 〜 6 週）	□録音内容を文字にする。 □録音内容を入れこんだ報告書を執筆する。	
4. 発表 （第 7 週）	□最終授業で，調査の内容及びそのプロセスについて発表する。 □参加者からの質問に対応する。	

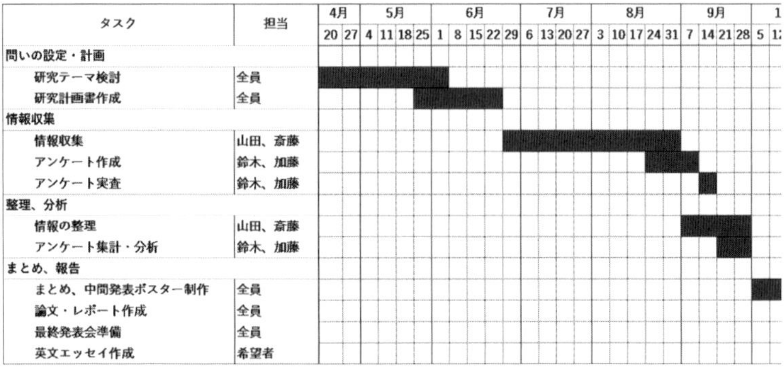

図 7-1　探究学習のガントチャート例

15ミニッツ・ワーク

Ⓠ1：あなたが取り組んでいる探究学習では，どのような学習活動がどのような順番で配置されているでしょうか。本章で紹介した3つのモデルのうちいずれかを使って説明してみましょう。

Ⓠ2：あなたが取り組んでいる探究学習のスケジュールをルーブリックやガントチャートで生徒に提示したり，つくらせたりすると学習効果は高まると思いますか。その場合，どのようなものを作ればよいでしょうか。完成形をイメージしてみましょう。

高校事例Q＆A②

Q 3. 問いの設定の指導をどのように行っていますか。

清教学園
中・高等学校

まず，最初に，ダン・ロスステイン，ルース・サンタナ著，吉田新一郎訳『たった一つを変えるだけ』（2015年）で紹介されているワークをもとに，質問づくりを経験させています。ただ，生徒自身が知らないから疑問にしているだけで調べたらすぐにわかるような問いを立てることが多く，探究にならないことが多々あります。また，問いが大きすぎたり，漠然としているものも多いです。生徒たちがリサーチを始めると，自分たちが掲げた問いが適切でないことに気づくようで，どんどん問いを変えていっています。

本校では，グローバルな課題をテーマに探究を行いますが，大きすぎるテーマを掲げてしまっている場合は，自分の身近なところでそういうことがないか，など，自分のことに落として考えさせるようにしています。たとえば，「テロ」をテーマにあげていた生徒が，人と人との憎悪とか異質なものに対する嫌悪感は日常にもあるのではないかと気づき，性的マイノリティの方々が社会で感じる生きづらさに焦点を置くことになりました。また，最初から社会問題を意識して考えさせると議論が進まないことがあるので，自分の周りで疑問に感じていることなどをあげることからスタートして，社会問題までレベルをあげていくケースもあります。なぜデートの時に男性がおごるのだろうか，という話から，それをジェンダー問題として捉え，固定観念や歴史的な男女の役割の変化をみていったグループもいます。そういう時には，教員は，自分の興味・趣味の範囲内で終わるのではなく，その問い・テーマに社会的な意義があるかどうか，を問うようにしています。

教員は最初からこの問いではうまくいかないと気づいても，しばらく様子を見守っています。生徒は，課題と思っていたり，重要と感じていることであっても，まだそれを言語化することができず，自分のその感覚をサポートする資料にも出会えていない，あるいは，出会っていたとしてもそれを掘り出せない，ということがあります。その時に生徒の様子をみながら教員が適切に問いかけることで，その思いや考えを引き出して言語化させることを意識しています。

ただ，もう少し精度が高い問いを最初から設定できるように指導する方法がないかは教員間で検討しているところです。しかし一方で，問いの設定が探究学習の一番の肝であるので時間がかかっても当然であるとも考えています。

兵庫県立
兵庫高等学校

社会科学分野の探究では，１年生は学校周辺の地域課題をテーマとし，２年生でグローバルな社会課題に取り組みます。２年生の課題設定の際には，１年時の取り組みの振り返りをさせて，そこからさらに何か課題意識をもったことはないかを問いかけます。海外研修を予定しているので，日本とその行く先の国で，課題となっているキーワードをちりばめた資料を教員が作成して，それをヒントに自分の興味のあることを考えさせるワークを２時間かけて行っています。他にも，新聞記事をヒントに考えさせたり，問いの設定のためにフィールドワークに行かせることも有効です。

それでも決まらない生徒には面談でフォローします。面談では，それが本当に課題なのか，その課題を解決するための展望が描けるのか，ということを徹底的に検証するようにしています。課題の絞り込みを適切に行うことが探究学習を行うにあたって重要となりますので，そのために探究のプロセス全体が見通せるワークシート（図１）を作成して，それをもとに本当にその問いで最後までいけるのかを検証させています。

自然科学分野の探究では，１年生はアドバイザーとして大学院生に入ってもらい，彼らが研究室で行っている研究をベースに，院生から高校生でもできる簡単なテーマを２～３例示してもらっています。そ

令和　　年　　月　　日

研究の進め方Ⅱ

①　はじめに（序論）　研究動機や目的をまとめよう　それによってテーマの重要性を伝える！

②「問い」から章立てを考える　何を明らかにするかを明確にする！！

1　課題の背景を説明する「問い」　言葉の説明や定義、現状を説明する資料･データなど

2　先行研究・事例に関する「問い」　先行研究・事例に関すること

3　課題を明確にする「問い」　解決されずに残っているものおよび明らかにすること

4　課題解決のための「問い」　仮説および証明する過程に関すること

生徒番号（　　　　　　　）　氏名（　　　　　　　　　　　）

図１　ワークシートの例（兵庫県立兵庫高等学校『SGH 研究開発実践報告書・第５年次』）

れを参考にしながら生徒達が最終的に研究したいことをグループで相談して決めています。２年生になると，各分野別（物理・化学・生物・数学・都市工学）にアドバイザーとして助言いただいている大学の先生からヒントをいただきながら自分たちで決めていますが，生徒自らの力で取り組みやすい身近なもの，素朴な疑問を研究テーマにすることを方針としています。

福井県立
高志高等学校

グローバルコースでは，探究テーマは教員の方で決めています。2019 年度は「高志校生がつくる福井のコラボ商品」とし，福井県内の企業と連携してコラボ商品を作成し，それを利用して福井を世界に発信することをコンセプトとしています。生徒には，そのためにどのような商品・企画が提案できるのかを考えさせています。その際に，生徒には次のようなことを伝えています。

・人の意見や考えを参考にしてよい
・とにかく量を出すこと（質は量に比例する）
・アイディアは既存の要素の新しい組み合わせである（一見，関係なさそうなものを組み合わせる）
・強制発想法を使う

これらは，宮澤正憲著『東大教養学部「考える力」の教室』（2017 年）を参考にしたものです。

新たな発想はそう簡単に出てくるものではないので，とにかく思いつくまで紙にアイディアを書かせます。たとえば，福井の観光名所である永平寺や東尋坊でコスプレ大会をするのはどうだろうか，といった例を示しながら，一見無関係なアイディアをつなぎ合わせることで新しいものを生み出してみよう，ということを意識的に生徒に伝えています。

サイエンスコースでは，本校および他校の先行研究を参考にして，生徒が研究テーマを設定しています。過去の課題研究論文集のタイトルをデータベース化し，生徒が検索できるようにしています。大量の先行研究を批判的に読んでいくことで，新たな問いを生み出せるよう，指導を行っています。

また，研究テーマを仮に決定した段階で，テーマ設定の理由や今後の研究方針に関する中間報告会を行っています。大学の先生も交えて，問いの設定や研究方針が適切かどうか，議論を行います。

高校生に適切な難易度で，かつ期限内に結論が導けるような問いを設定することは，非常に難しいと感じています。研究を進めていくうちに，問いの内容を変化させることのできる柔軟さも大切だと思います。

Q 4. 生徒が安易な情報収集を行いがちです。情報収集の指導をどのようにしていますか。

清教学園
中・高等学校

本校では，司書教諭と連携して指導に取り組んでいます。手軽なインターネットでの情報収集のみに走らないように，書籍を参照させる工夫として以下のことを実践しています。

①移動図書館（関係する書籍を選書し，教室に設置）

②必要な資料を教材化

③レファレンスサービス（レファレンス依頼書に生徒が記入，司書教諭が生徒が探究を進める上で困っていることへのアドバイスも含めて回答書に記入し，書籍を紹介・用意する）

また，インターネットによる情報収集のテクニックのレクチャーも司書教諭が行っています。

リサーチシート（研究テーマについて調べてきたことを書くシート）に情報の出所について，論文なのか，新聞なのか，個人のホームページなのかといった分類欄を作り，「なぜその資料を選んだのか」の記入を求めることもしています。また，引用部分は色を変えて記入させるなど，コピー＆ペーストになっていることを自覚させる（どこまでが引用で，どこが自分の考察なのか区別させる）工夫も取り入れています。

中学や高校では，誰かが書いた文章をそのまま引用するのではなくそれをもとに新たな自分の言葉にかえなさい，という指導をしがちです。しかし探究学習についてはそれができない，それでは，「あなたが何を考えたのか」を評価することができないものなのだと，教員・生徒とも意識を変えていく必要があります。

兵庫県立
兵庫高等学校

テーマ設定に関連する行政文書や文献，論文を読むことを課しています。特に論文検索サイトGoogle　Scholarや CiNiiの活用を推奨しています。書籍の場合は専門書にあたること，また，公的なデータも参考になる旨伝えています。個人が運営しているサイトやまとめサイトの情報はエビデンスにはならないことも伝えます。収集した先行研究などについては，ワークシートに出典を書かせて，教員がそれを見てエビデンスにならないものを活用していないかをチェックするようにしています。

福井県立
高志高等学校

過度にインターネットに頼らないよう，関係する書籍の紹介や図書館の利用を促す等を行っています。図書館にSSH・SGH関連書籍コーナーを作ってもらったこともあります。近年では，毎年高等学校から送られてくる報告書の一部を図書館に置き，先行研究に目を通すように指導しています。また，フィールドワークや実験・測定による生の情報・データを重視するよう指導しています。やはり手っ取り早く情報が収集できるインターネットに頼る傾向は強いですが，ネット検索においても，一次情報をたどるよう指導しています。

第 3 部

探究学習の実践と評価

08 ステップ5 問いを探究し答えをつくる

1 教員の役割を理解する

ステップ5では，問いを探究し答えをつくります。ステップ4で作成した計画に沿って，学習活動を進める段階です。7つのステップには，教育者中心と学習者中心の2つのアプローチがあることはすでに述べました。しかし，このステップ5に限って言えば，学習者中心で行われることが一般的です。教員の役割は，生徒が行う探究活動に対して，「過度に「放任」することもなく，過度に「介入」することもなく，子どもたち主体の探究を展開していく」（市川 2009）ことになります。探究学習における教員の役割において難しいのは，この「放任」と「介入」の間で最適なバランスのとれた教育指導を行うことです。

ジャックとサモンは，グループ学習を進める上での教員の役割を整理していますが，これを探究学習においても適用することができます（Jaques & Salmon 2007）（表8-1）。

表8-1　探究学習における教員の役割（Jaques & Salmon（2007）を一部修正）

役　割	説　明
①リーダー／講師	教員や生徒がよく前提としている伝統的な役割。
②中立的な議長	内容ではなく手続きを管理するという，上記役割の変形版。
③ファシリテーター	意見を提供するというよりも，傾聴し，引き出す役割。
④カウンセラー	もし生徒個人あるいは集団でのニーズがある場合の役割。
⑤コメンテーター	教員は生徒個人やグループの横に座り，進め方に対して時々コメントする。
⑥放浪者	生徒個人やグループの間を動き回る。
⑦観察者	生徒個人やグループの行動を観察する。しかしコメントはしない。
⑧不在の友人	その場から物理的にいなくなる。

この役割は上から下に移動するにつれて，放任度が強くなり，教員の介入度が弱くなります。それぞれのメリット，デメリットを理解した上で，使い分けましょう。

平常時の探究学習においては，教員には③ファシリテーターの役割が求められます。生徒の発言を傾聴し，引き出し，学習を促進するのが探究学習における基本的な教員の役割です。

トラブル発生時，つまり，議論がうまくいかない，学習活動が停滞している，人間関係がうまくいっていない場合は，最も介入度が強い①リーダーもしくはインストラクター，②中立的な議長，④カウンセラーとしての役割も必要になります。ただし，過度に生徒たちの探究学習に介入したり，長時間の講義をしたりすると，目標として設定した能力を身につけさせることができなくなってしまいます。とりわけ，教員の専門教科に関わるテーマや課題の場合，介入度が高くなりがちです。そのような場合，教科教育としてはうまくいっているように思えますが，探究学習とはかけ離れる可能性もあります。

探究学習が順調に進んでいる時は，⑤コメンテーター（生徒の横に座って時々コメントをする），⑥放浪者（教室内を廻っている），⑦観察者（見ている）のように放任度の高い役割でもよいでしょう。入念にデザインされていれば教員が介入をあまり行わなくても探究学習は進みますが，生徒から「先生は何も教えてくれない」という不満が出る可能性もあります。

⑧不在の友人というのは，その場に教員が存在すらしません。教室からいなくなるということです。生徒の中には，頼る人がいないので必死に取り組める，細かくチェックされていないので一生懸命取り組めるという人もいるかもしれません。たとえば，学外でのフィールド調査時に，「今日はフィールドに行けないので，皆さんたちだけで頑張ってください」と言って送りだすことで，生徒がたくましく成長して帰ってきた経験のある教員もいるでしょう。しかし，生徒から不満が出たり，トラブルが発生したりするリスクもあります。

2 ファシリテーターとして振る舞う

平常時の探究学習における教員の役割はファシリテーターであると述べました。ここでは，ファシリテーターとして具体的に何をしたらよいのかを見ていきましょう。リースは，ファシリテーターの基本スキルをあげています（リース 2002）（表8-2）。

表 8-2　ファシリテーターの基本スキル（リース 2002：40）

・質問をする	・発言の少ないメンバーを引き入れる
・掘り下げる	・異なる意見を歓迎する
・わかりやすくいいかえる	・視点を変える
・質問や発言の方向を転換する	・要約する
・すでに出た意見やアイデアを振り返る	・橋渡しをする
・応援する	

ファシリテーターは，探究学習がうまく進行している場合にはその質や量をあげるように生徒に働きかけます。逆に停滞している場合には学習が進行するように生徒に働きかけます。たとえば，個別面談やグループ討論の際に，「それはどういう意味？」と議論を掘り下げる，「それはこういうことかな？」と整理をしてあげる，「そのアイデアはさっき○○さんも出していたよね」と振り返る，発言の少ないメンバーがいたら「○○さんはどう思う？」と引き入れるコメントを行います。

忘れがちなのは，応援することです。教員は，問題がありそうな個人やグループに介入しがちです。たとえば，全然話をしていない，作業が進んでいない，関係ないことを話したりしていると，注意をしたり質問をしたりします。一方で，順調に進んでいる個人やグループにはあまり介入をせず放任しがちです。しかしながら，順調に見える場合でも，この進め方で良いのかどうか不安に感じている生徒はいます。その場合は，「その調子」「順調ですね」「いいですね」と声をかけてあげるとよいでしょう。声をかけられない場合，OK サインを出したり，文字メッセージのやり取りで伝えたりしてもよいでしょう。

高校時代に探究学習を経験した大阪大学の学生にインタビューをしたことがありますが，全員が教員からのフィードバックがもっと欲しかったと述べていました。おそらく，教員からは順調に進んでいるように見えたのかもしれません。どの生徒にとっても探究学習は正解の見えない，不安の中での学習です。簡潔なものでよいのでどの生徒にも何らかのフィードバックをしてあげるのが望ましいでしょう。

3　探究する人数を決める

探究学習は個人で行うのがよいでしょうか，それともペアやグループで行うのがよいでしょうか。ここでは，探究学習を行う適正人数について考えましょう。探究学習に取り組む人数別のメリット，デメリットは表 8-3 のとおりです。生徒に，個人・ペア・グループという一通りの探究学習を経験させる機会を提供できれば，それぞれのメリット・デメリットを理解させることができます。

研究者の場合，一人で研究を行うこともありますし，二人で研究を行うこともあります。時には世界規模で何千人とともに研究を行うこともあります。探究学習の適正人数も，生徒の学習スタイル，テーマ，課題，方法によって異なります。

先行研究によれば，グループ内の人数が増えてくると意思疎通が難しくなっていき，6人を超すとコミュニケーションが取りにくくなると言われています（表8-4）。よって，グループの最大人数は6人までとするとよいでしょう。6人以上の場合は，さらに小さなグループを作って構造化したり，明確な役割分担のもとで進めたりする必要があります。

グループで探究学習に取り組むと，さまざまなアイデアが出る，1人ではできない量と質の学習に挑戦できる，コミュニケーション能力も向上するなどのメリットがありますが，デメリットもあります。それが「集団生産性阻害現象」と呼ばれるものです（小林 2001）。具体的には以下の現象が見られます。

まずは，「社会的手抜き」という現象です。他の人がやるのであれば，自分は適当にやっても十分だと考える人がでます。集団のサイズが大きくなればなるほど社会的手抜きが増大する可能性が高いとされます。このように利益だけを得る人のことをフリーライダーと呼びます。6人のグループで，フリーライダーが多く生まれる

表8-3　探究学習に取り組む人数別のメリット・デメリット

	メリット	デメリット
個人	・自分の関心に基づき，自分にあったペースで進められるため，モチベーションを高く維持できる	・多様なアイデアが生まれにくい ・うまくいかない場合，同級生からのサポートがない（課題遂行の個人差が大きくなる） ・教員の指導の負荷が高い ・発表などを行う場合，時間がかかる
ペア	・二人で課題を乗り越えることができる ・話し合いや合意形成にかかる時間が短くて済む	・二人の人間関係が良くない場合，学習が進まない
グループ	・多様なアイデアが生まれやすい ・チームワークやリーダーシップを育成できる ・発表などを行う場合，時間が少なくて済む	・全員が関心のある課題や問いを見つけるのが難しい ・話し合いや合意形成に時間がかかる

表 8-4　メンバー数とグループ特性の関係（Jaques & Salmon 2007）

メンバー数	グループ特性
2-6 人	非構造化，非組織化，流動的なリーダーシップ
7-12 人	構造化，役割分担の開始，対面のやり取りの減少
13-25 人	構造化，役割分担は不可欠，サブグループの誕生，対面のやり取りはさらに困難
26 人以上	積極的なリーダーシップが不可欠，サブグループの形成，匿名性の増大，ステレオタイプ化，flight/fight（逃走か闘争か）状況の発生

同質性大（↑）

緊張感増（↓）

ようであれば，グループ内人数を少なくするとよいでしょう。

それから「議論の極化」という現象です。個々人の意見が集団で議論するプロセスにおいて極端なものになる可能性があります。感情的対応が加わることで，議論が止まることすらあります。

さらに「集団浅慮」という現象もあります。3 人寄れば文殊の知恵と一般には言われていますが，結果として真逆の状態になることもあります。集団内プレッシャーによって意思決定が柔軟性を失ったり，現実味を欠いたりするものになります。

4　多様性のあるグループをつくる

ペアもしくはグループで探究学習に取り組む場合，どのように生徒を組み合わせたらよいのでしょうか。社会心理学において，この問いは古典的なものです。この分野での長年にわたる研究結果から明らかになっているのは，「複雑で非日常的な問題の解決に当たる場合，多様な技能・知識・構想をもった人々で構成されたグループの方が効果的な機能を発揮する」ということです（ソーヤー 2009）。まさに探究学習で求められるのは複雑で非日常的な問題の解決であり，多様な生徒を組み合わせた方が効果的だと言えます。

同質型集団（同じ性質を持つ個人で構成した集団），補完型集団（異なる性質を持つ個人で構成した集団），無作為抽出集団（性質を配慮することなく構成した集団）の生産性を比較した研究結果によれば，無作為抽出集団は，同質型，補完型，いずれと比較しても生産性が低くなっています。そして，人数が増えれば増えるほど補完型集団の生産性は高くなります（小林 2001）。

実社会では，異なる性質を持つ個の補完的な集まりをコミュニティと呼びます（コミベズ 2017）。学校においては同質型集団がつくられがちですが，探究学習においては，できるだけ多様性のあるコミュニティになるように生徒を組み合わせるとよいでしょう。

5 グループ内での役割を決める

グループ学習を円滑に進めるためには，役割を決めておくとよいでしょう。グループ内における役割，ならびに期待される行動や具体的な発言例をまとめたのが表 8-5 です。

これを生徒に読ませた後に，自分が希望する役割を決めさせます。この際，向いている役割は何かと聞くと，リーダーを選ぶ生徒はほとんどいないでしょう。リーダーに向いていないと考えていたり，面倒なことを避けたいと考えていたりしているのかもしれません。よって，リーダー希望者が不足することは大いに予測されます。その際は，特典を与えるなど何らかのメリットを示す工夫が必要でしょう。

生徒から希望する役割が提出されたら，4 つの役割が揃うようにグループを作っていきます。まずはリーダーを配置します。リーダーが見つからない場合は，グループが出来た後に，グループ内で選出してもらいます。その他の役割は欠如するものがあっても大きな問題はないでしょう。

与えられた役割を果たしてもらうためにはコツがあります。役割を演じるよう伝えてみましょう。たとえば，職場では，管理職に向いているから管理職になるというよりは，管理職として振る舞うから管理職になるというのが実態でしょう。それと同様に，グループ内での役割を演じながら，ふさわしい言動を身につけてほしいと伝えましょう。

6 組織のライフサイクルを理解する

生徒の人数や性質の組み合わせによって，グループワークがうまくいったり，いかなかったりすることがわかりました。しかし，完璧な組み合わせのグループでも作業がうまく進まないこともあります。

タックマンは多くの組織の事例分析をした結果，組織にも人間と同様にライフサイクルがあることを発見しました（図 8-1）。組織のライフサイクルは六段階に分類

表8-5　グループ内における役割と期待される言動

役　割	期待される行動	期待される発言例
リーダー	先導する 判断する 見通す 割り振る 奨励する 誉める	「さあ，頑張っていこう！」 「よし，これで行こう。責任は私が持つから」 「この企画は絶対優勝できるよ」 「この仕事はAさんお願いします」 「気にしなくていいよ。次頑張ろうよ」 「さすがAさん。仕事が速いよ」
サブリーダー	調整する 分析する リーダーを補佐する 時間を管理する	「これまでの議論をまとめると〜ということですかね」 「A案を皆，支持してるようだけど，問題はないかな？」 「リーダー，最近，頑張りすぎてない？」 「申し訳ないけど，そろそろ時間がなくなるよ」
テンション・リリーバー	緊張を緩和する ユーモアを使う アイデアを出す	「あれ？　皆ちょっとぴりぴりしてない？」 「昨日，こんな失敗しちゃったんだけど，アホだよね」 「全く違う視点なんだけど，こんなのはどう？」
フォロワー	支持・賛同する 傾聴する 仕事を引き受ける	「それ，すごくいいねー」 「なるほどー。うん，うん。」 「誰もいないようなら，その仕事やりますよ」

されています（Tuckman 1965）。

第一段階は形成期です。グループのメンバーは，他のメンバーに受容されるかどうか行動と態度を試している段階です。この段階では作業はほとんど進みません。

第二段階は混乱期です。メンバー間で葛藤が起き始めます。緊張と競合関係が生まれ，作業はほとんど進みません。このメンバーとはやりたくないという生徒が出たり，真剣に作業に取り組まない生徒が出たりして，教員が苦労する段階です。

第三段階は規範期です。このような状況が継続すると，教員から指導があったり，本人たち自身が気づいたりして，作業に取り組むための規範を作ろうという動きが出てきます。また，表面的ではない本質的な役割分担が生まれ，お互いを受容するようになります。一体感が生まれて作業が進展していきます。

第四段階は成果期です。作業が進展して最も生産性が高まり，成果が生まれます。一方，作業の難易度が高まっていくため，新たな問題が生じる場合もあります。

その場合は，第五段階の再形成期に再び戻ります。メンバーの力学が変化し再集団化が起こり，一時的にチームワークが低下することもあります。その後，混乱期，規範期を再度経て，成果期に戻ります。

第六段階は終結期です。グループとして作業を達成した段階です。成果を共有し

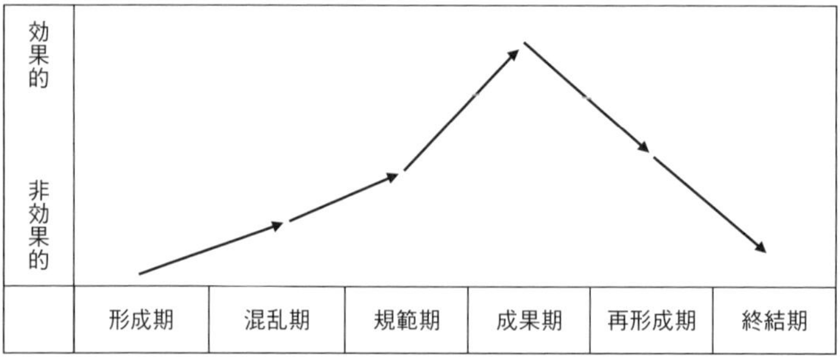

図 8-1　組織のライフサイクル（Tuckman 1965）

て，組織は解散となります。

このように，どのような組織であっても，グループワークが最初から最後まで問題なく進むということはありません。一時的に，グループ内での人間関係が悪くなったとしても，それは組織の発展のためには必要なプロセスであると考えるようにしましょう。

効果的なグループへの指導のためには，教員はグループワークの内容だけでなく，そのプロセスも観察して記録しておきましょう。話し合っている様子や，リフレクションシートや活動日誌に書かれた内容に目を通して，組織がどの段階にあるのかを把握しておく必要があります。

15 ミニッツ・ワーク

Ⓠ1：あなたは，探究学習において，表 8-1 で示した役割のうち，どの役割をよく演じてきましたか。場面に応じてどのようにその役割を使い分けしてきましたか。

Ⓠ2：生徒に探究学習における教員の役割や活用方法をどのように伝えていますか。

09 ステップ6 学びを評価する

1 評価の対象と方法を決める

ステップ6では，探究学習における学びを評価します。探究学習の評価は難しいと感じている教員は多いようですが，その前に学習評価の基本について改めて確認しておきましょう。

探究学習において評価すべきものは，目標の達成度とそのプロセスです。つまり，生徒が目標を達成したのかどうか，そのプロセスは適切だったのかを評価するということです。ステップ3では，教育目標分類に従って目標を立てる方法を説明しましたが，その理由は評価のしやすさにあります。つまり，目標の領域別に適切な評価方法が紐づけられているのです（図9-1）。

認知領域の目標を評価する場合，多肢選択式テスト，記述式テスト，レポート・論文，口頭試問やプレゼンテーションによって評価を行います。

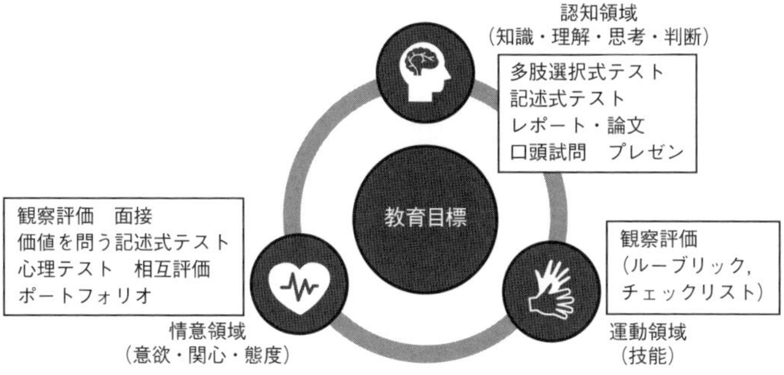

図9-1　教育目標分類と評価方法

運動領域の場合は，プレゼンテーションのようなパフォーマンス（実演）を観察して評価を行います。その際，具体的な基準としてルーブリックやチェックリストを使います。

情意領域の場合は，調査やグループワークのようなパフォーマンスのプロセスを観察して評価を行います。また，そうした場面での行動の意図を表明させた文書，生徒同士による相互評価，学習ポートフォリオ，標準化された心理テストなどでも評価できます。

2 評価の主体を決める

評価をその主体で分類すると，自己評価と他者評価に分けられます。自己評価は生徒本人が行う評価です。探究学習では，学習成果以上にそのプロセスの評価が重要です。しかし，他者評価でプロセス評価を行うのは容易ではありません。そのため，たとえば，レポートやプレゼンのプロセス評価を生徒本人に行わせます。特に，感情，信念，価値などの情意領域の目標は，他の領域と比較して可視化されにくいため，本人自身の評価が必要となります。

ただし，自己評価は，生徒の性格・問題意識・成長度合いによって，実際に比較して高評価や低評価がなされることがあります。能力が高くない者が自己の発言・行動などについて，実際よりも過大な評価を行ってしまう「優越さの錯覚」を持っていることが明らかになっています。これはダニング＝クルーガー効果と呼ばれています（Kruger & Dunning 1999）。

そのため自己評価をさせる場合は，後述するルーブリックなどを使って評価基準を具体的に示しておく必要があります。「これまでの自分の言動を振り返りなさい」のように漠然と自由記述をさせたり，評価基準を示さずに「自分の成長度合いを5段階で評価しなさい」と指示したりするのは避けましょう。複数回に渡って自己評価を行わせて成長を実感させたり，他者評価の結果と比較させたりすることで，精度の高い自己評価力を身につけさせる工夫が必要です。

一方，他者評価は，自己以外の他者による評価のことです。教員による評価が一般的です。学年を越えて探究学習を実施する場合は，生徒の成長を継続して評価できるように同じ教員が評価を行うのがよいでしょう。それができない場合は，教員間で評価に関わる資料を引き継いでおきます。

その他にも，他の生徒，調査に協力してくれた企業や行政関係者，連携先の大学教員なども他者評価を行うことができます。その際，共有できる基準があれば客観性の高い評価をしてもらいやすくなります。たとえば，調査協力者に「前回生徒が訪問した際と最終回に訪問した際を比べて，コミュニケーション能力について変化はありましたか」という設問をつくって回答してもらいます。

3　評価の時期を決める

評価を時期で分類すると，診断的評価，形成的評価，総括的評価の３つに分けられます（表 9-1）。

診断的評価とは，学習前に行われる評価のことです。探究学習に必要な能力を保持しているかどうかを測定することが目的です。この評価結果に基づいて，テーマ・課題・問いや学習活動を変更することもできます。また，生徒にとってはその結果によって学習動機を向上させる機会にもなります。

形成的評価とは，学習の途中で行われる評価のことです。ミニレポートを書かせたり，口頭で中間報告をさせたりします。これまでの学習の振り返りをさせて，学習をメタ認知させ，残りの学習に向けてどのように行動を変えるのかを考えさせることができます。形成的評価においては指導と評価が一体化しているため，評価回数を重ねるごとに学習が促進されます。長期に渡って探究学習を行う場合，形成的評価を取り入れる価値は高いと言えます。

総括的評価とは，学習後に行われる評価のことです。探究学習全体を通した目標達成度とそのプロセスを評価することで，学習をメタ認知させ，授業終了後の学習に向けてどのように行動を変えるのかを考えさせることができます。また，生徒自

表 9-1　評価の時期

時期	目的・効果
診断的評価 （事前評価）	・学習前の能力測定 ・学習動機の向上
形成的評価 （中間評価）	・学習途中の能力測定（目標達成度とそのプロセス評価） ・振り返りを通した学習のメタ認知と行動変容の促進 ・教員の指導方法の見直し・修正
総括的評価 （事後評価）	・学習後の能力測定（目標達成度とそのプロセス評価） ・振り返りを通した学習のメタ認知と行動変容の促進 ・成長履歴の自覚による自己効力感や学習意欲の向上 ・教員の指導方法の見直し・修正

身が自らの成長を自覚することで，自己効力感や学習意欲を向上させることにもつながります。

これら3つの評価を順に行えば，生徒個人や生徒集団の能力の変化をたどることができます。

4 探究学習を評価する

4-1 ルーブリック評価

探究学習を通して，生徒は高次の複雑な能力を身につけることができます。そのため低次の認知領域の能力を評価することに適した多肢選択テストのような評価方法では，適正に能力を評価することができません。以下では，探究学習に適した評価方法として，ルーブリック評価，ピア評価，ポートフォリオ評価を紹介します。

ルーブリックとは，「学習目標との関係において求められる達成事項の質的な内容を文章表現したもの」であり，「学習の達成状況レベルを評価するときに使用される評価基準となる」ものです（佐藤 2006）。

ルーブリックの基本構造は，「評価観点」（例：課題設定力，研究基礎力），「評価尺度」（例：4，3，2，1），「評価基準」（例：研究の意義を極めて明確に説明できており，その価値は高い），「課題」（例：15分間で探究学習の成果を発表しなさい）の4つの要素から成り立っています（スティーブンス & レビ 2014）。

大阪府では，探究学習の成果を発表するグローバルリーダーズハイスクール合同発表会用にルーブリックを作成しています（表9-2）。課題設定力，研究基礎力，研究展開力，表現力，応答力という6つの評価観点を，4つの評価尺度で評価しています。

ルーブリックを使用する上で，重要なことは生徒が探究学習に取り組む前に示すことです。評価基準を事前に示すことで，生徒は基準に沿って学習を行うようになります。あわせて教員もこの基準に沿って教育指導をするようになります。つまり，生徒と教員の両者が評価基準に合うように自らの行動を変容させます。これによって，生徒の目標達成度を高めることが可能となります。

教科や学年を越えて，あるいは学外の人たちと連携して探究学習を実施する場合，評価者間で評価基準が異なることがありますが，ルーブリックを共有することで評価基準を揃え，客観性の高い公平な評価を行うことができます。教科や学年を越えて使用できる学校内で共通の評価基準（コモン・ルーブリック）を作成しておくと

表 9-2　大阪府グローバルリーダーズハイスクール 合同発表会評価シート（大阪府教育委員会）

		観点	4	3	2	1	得点
課題設定力	①	研究の意義	研究の意義を極めて明確に説明できており，その価値は高い。	研究の意義を説明できている。	研究の意義を説明しているが，不十分である	研究の意義を説明できていない。	
	②	問いの設定	研究対象を正しく理解し，深い問いを設定している。	研究対象を理解し，問いを設定している。	研究対象を理解しているが，問いの設定が浅い。	研究対象への理解が不足もしくは誤解している。そのため設定された問いが浅い，もしくは明確でない。	
	③	オリジナリティ	高校生として，発想や着眼点が比類ないものであり，研究のオリジナリティは極めて高い。	高校生として研究のオリジナリティが高い。	研究にはオリジナリティが若干認められる。	研究のオリジナリティが認められず，既視感がある。	
研究基礎力	④	研究方法	新たな研究方法を開発しようとするなど，極めて斬新な研究方法を追求しようとしている。	高校生として適切な研究方法を用いている。	研究方法がやや不適切である。	研究方法が不適切である。	
	⑤	先行研究との関連づけ	先行研究の知見が適切に整理されており，本研究を極めて的確に位置づけている。	先行研究の知見を整理した上で，本研究を位置づけている。	先行研究にあたっているが，量が不足しており，本研究の位置づけが不明確である。	先行研究をあたっていると考えられない。	
	⑥	資料やデータの収集と典拠の明示	実際に周到な調査を行っている，もしくは正確な資料を収集している。また典拠が極めて明確に示されている。	実際に調査を行っている，もしくは正確な資料を収集している。また典拠が示されている。	調査は行われていない，もしくは資料を収集しているものの不正確である。また典拠が示されているが，やや不正確である。	調査は行われていない，もしくは資料の収集もされておらず，独りよがりな主張となっている。また典拠も示せていない。	

表 9-2　大阪府グローバルリーダーズハイスクール 合同発表会評価シート（大阪府教育委員会）続き

研究展開力	⑦	分析と検証	収集した資料やデータを十分に解釈・分析したうえで，結論を導くために極めて適切に活用できている。	収集した資料やデータを解釈・分析して，結論を導くために活用している。	収集した資料やデータを十分に解釈・分析しきれておらず，結論を導きだすために活用できていない。	収集した資料やデータの解釈・分析に誤りがある。そのため結論を導きだすために活用できていない。	
	⑧	論理的な構成	結論や結果が揺るぎない根拠に基づいて示されており，理路整然と論理的に主張が展開できている。	結論や結果が根拠に基づいて示されており，論理的に主張が展開できている。	結論や結果が示されているものの，根拠が不十分である。主張の展開の論理性が弱い。	結論や結果が示されているものの，根拠がない。もしくは結論や結果が明確に示されていない。	
表現力	⑨	発表の技法	発表は自信に満ちており，聴衆を魅了するほどの卓越した発表技法を持っている。	発表は，周到な準備に裏付けされたものであり，優れた発表技法を持っている。	発表は，やや準備不足を感じさせるものであるが，一定の発表技法は持っている。	発表は，準備が不足しており，発表技法の向上が望まれる。	
	⑩	発表の態度	聴衆に十分配慮した言動で発表ができており，集中力を途切れさせない優れた工夫がみられる。	聴衆に配慮した言動で発表ができており，集中力を途切れさせない工夫がみられる。	聴衆への配慮にやや欠ける言動で発表がなされている。もしくはやや単調で集中力を持続しにくい。	聴衆への配慮に欠けた言動の発表がなされている。もしくは非常に単調で集中力の持続が困難である。	
応答力	⑪	質疑に対する応答	質疑の主旨を十分に理解して，シンプルかつストレートに応答ができている。応答には余裕が感じられる。	質疑の主旨を理解して適切な応答ができている。	質疑の主旨を理解しているものの，十分に応答ができていない。	質疑の主旨を理解できていない，もしくは誤解しているため，応答ができていない。	
コメント							合計点

よいでしょう。

ルーブリックは，最初から自分で作成することもできますが，公開されているものを参考にすると効率的につくることができます。インターネット上で，「教科名」と「ルーブリック」をキーワードに検索してもよいですし，「ルーブリックバンク（Rubric Bank）」で検索すれば，複数のルーブリックが見つかります（例：つくろう！情報活用型授業ウェブサイト・ルーブリックバンク；日本高等教育開発協会ルーブリックバンク）。最も参考になるのは，同じ職場の同僚教員が使っているものです。同じ生徒を対象としているため応用しやすいのです。

ルーブリックを生徒に作成させることもできます（スティーブンス＆レビ 2014）。評価基準が下がることを懸念する教員もいますが，教員が作成するものと大差ない基準ができることが一般的です。この方法のメリットは，生徒が作成に関与するため評価基準が記憶に残りやすいという点です。デメリットは，時間と手間がかかることです。

ルーブリックは，最初から完璧なものは作成できないと言われています。実際に使用しながら，3回ほど改訂をすると使い勝手のよいものになるでしょう。

4-2　ピア評価

グループで行う探究学習の場合，グループ内で何が行われているのかについて教員が完全に把握することは不可能です。そのため，ピア評価（生徒同士による評価）を取り入れることで，教員が気づくことができなかった生徒の言動を評価することが可能になります。具体的には図9-2のような評価シートを使って生徒同士で評価を行わせます。

ピア評価については，さまざまな懸念を抱く教員も多いようです。たとえば，生徒はお互いを気遣って低い評価をしないのではないか，生徒同士が話し合って高い評価をつけあうのではないか，真面目に評価をせずにすべて中間にチェックをするのではないか，といったものです。

まず考えなければならないことは，評価するというのは高次の認知能力であり，この能力を身につけるためには学習を必要とするということです。つまり，懸念されているようなことが起きるのであれば，ピア評価を何度も実施しながら，生徒が正しい評価ができる能力を育成していく必要があります。

たとえば，探究学習中にグループワークを3回実施する場合，毎回ピア評価を実施してみましょう。個人でピア評価シートに記入させた後，教員が回収してその結

（　　　　　　　　）さんの評価シート

1. グループに貢献する発言をしている。

強くそう思う―まあそう思う―あまり思わない―全く思わない

2. 与えられた作業をちゃんと行っている。

強くそう思う―まあそう思う―あまり思わない―全く思わない

3. 問題が起きた時は解決しようと努力している。

強くそう思う―まあそう思う―あまり思わない―全く思わない

4. グループの人間関係が良くなるように気を使っている。

強くそう思う―まあそう思う―あまり思わない―全く思わない

5. 自由コメント（良いところ，もっと良くなるところ）

図 9-2　ピア評価シート

果を各生徒に返却します。そして，次のグループワーク時にどう振る舞えばよいのかを考えさせます。2回目，3回目のピア評価の結果がどのように変化していくかを見れば，生徒の評価力の成長を把握することができます。

4-3　ポートフォリオ評価

中長期にわたる探究学習のプロセス評価を行う際には，ポートフォリオ評価が有用です。ポートフォリオとは，元来紙ばさみのことです。教育においては，「生徒が達成したことおよびそこに到達するまでの歩みを記録する学習者の学力達成に関する計画的な集積」と定義されています（高浦 2006）。生徒に，探究学習に関わる多様なデータをポートフォリオに入れるよう伝えます。たとえば，レポートやプレゼンの配付資料といった学習成果の他に，資料検索時のプリント，グループディスカッション時の議事録，インタビュー時の録音・写真，書き取ったメモ，など学習のプロセスに関わるデータも入れることができます。

これらを見れば学習プロセスの質を推測できます。たとえば，図書館で資料を調べたのか，誰かが書いたものを写し取ったのかなどがわかる場合もあります。また，グループ学習では，誰がリーダーシップを発揮しているのか，誰がフリーライダーに留まっているのかといったことがわかる場合もあります。学習成果としてのレポートやプレゼンテーションからこれらを判断することは難しいでしょう。

紙媒体のポートフォリオに代えて，電子化された学習データを集めたeポートフォリオを使うこともできます。その利点は，教員と生徒，生徒同士でも共有しやすく，フィードバックもしやすいことにあります。また，動画や音声なども含めることができ，保管や持ち運びに便利です。

教員は，こうした多様な学習データを含んだポートフォリオをどうやって評価すればよいのでしょうか。個々の学習データを目標に照らし合わせてひとつひとつ評価することは大変な作業です。

むしろ，生徒が多様な学習データをメタ認知できているかどうかを評価するとよいでしょう。つまり，ポートフォリオを使って評価しようとしている能力は，個々の学習データを使って自己を評価する力であり，学習データを俯瞰するメタ認知能力だと言えます。たとえば，大学の総合型選抜（旧 AO 入試）や就職活動時の面接を想定して，ポートフォリオにあるデータを組み合わせて学びのストーリーを作らせてみましょう。データが意味のあるストーリーになっていれば，認知領域の最高レベルである知識創造力が身についていることになります。

ルーブリック同様，ポートフォリオを教科や学年を越えて，教員同士で共有することができれば，長期的にメタ認知能力の成長プロセスを追うこともできます。

15ミニッツ・ワーク

Q1：あなたが取り組んでいる探究学習の目標と，それを評価する方法は何でしょうか。以下の表を使って整理してみましょう。

目標領域	目　標	評価方法
認知領域		
運動領域		
情意領域		

Q2：以下の観点から目標と評価方法を見直してみましょう。

・目標が高過ぎたり，低過ぎたりしていないか

・評価できない能力，評価してはいけない能力を目標にしてはいないか

・評価方法は適切なものになっているか

10 ステップ7 学びを振り返る

1 振り返りとは何か

探究学習の実践の中には，学習成果の評価が終われば学習を終えるようにデザインされているものもあります。たとえば，最終回に探究学習の成果発表会を開催し，その評価を行って授業が終わるというものです。このようなデザインでは，探究学習を通して得られた学びを次の学びに活かすことができません。

最終段階であるステップ7では，探究学習を振り返ります。振り返りとは，リフレクション（reflection）という英単語を訳したものです。リフレクションは，反省とも訳されますが，反省と言うと失敗したことを懺悔するような響きがあります。そうしたイメージを払拭するために，振り返りという用語を本書では使用します。

デューイは，振り返りについて「自らの「信念」ないしは「知識体系」について，その基盤や示唆する結論に対して，能動的，かつ，執拗に注意深く思索をすすめること」（Dewey 1933）と述べています。また，ムーンは，振り返りとは「比較的複雑な，または構造化されていないアイデアをよりよく理解するために適用されるものであり，主にすでに処理済の知識，理解，および感情の再処理に基づいている」（Moon 2004）と述べています。

評価と振り返りの違いは何でしょうか。評価とは，学習成果とそのプロセスを診断したり，価値づけることです。一方，振り返りとは，より広範な学習活動のメタ認知のことです（図10-1）。ここには，評価そのものを見直すことも含まれます。

振り返りを学習に取り入れた学習のことを，リフレクティブ・ラーニング（省察的学習）と呼びます。これは「体験によって引き起こされる，課題を自己内で調べるプロセスのことであり，自己の観点から意味を生成したり明確化したりする」ものであり，「その結果，概念の見方が変化する」（Boyd & Fales 1983）とされます。

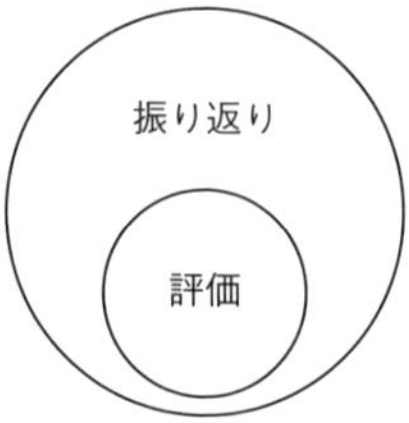

図 10-1　評価と振り返りの関係

これらの定義から考えると，探究学習の振り返りにおいては，単に探究学習のプロセスを時系列で言語化させるだけでは不十分です。探究学習で学んだ知識，理解，感情を再度整理し，信念や知識体系に抽象化する必要があります。メタ認知は，探究学習において育成できる能力の中でも最も高次であり，かつ中核的なものと言えるでしょう。

2　経験から学ぶ

実際にどのように生徒に振り返りを行わせればよいのでしょうか。ここでは，参考になる学習サイクルモデルを紹介します。コルブはデューイらの経験学習モデルを踏まえて，学習サイクルのモデルを作りました（図 10-2）。このモデルでは，具体的経験，省察的観察，抽象的概念化，能動的実験の 4 つのステップで学習を捉えます。

最初の段階では，生徒たちは探究学習を通して「具体的経験」をします。ここではさまざまな経験を通して，さまざまなことを学びます。

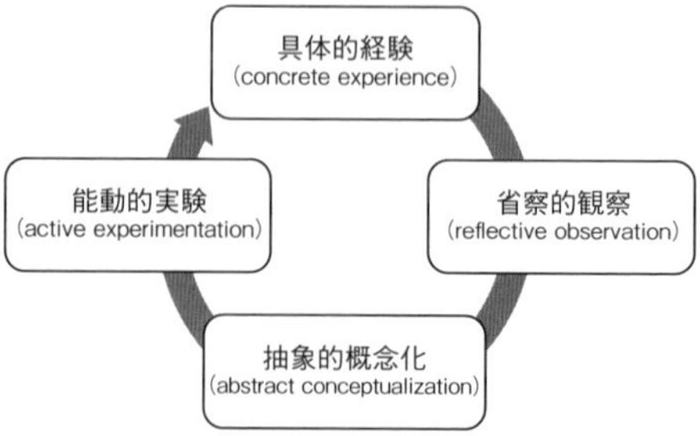

図 10-2　学習サイクル（Kolb 1984）

次の段階では，この経験を振り返ります。たとえば，第9章で紹介したルーブリック評価やピア評価の結果，あるいはポートフォリオを使いながら，探究学習を通して何を学んだのかについて「省察的観察」を行います。

そのうえで，次の探究学習や大学での学習時に応用可能なように「抽象的概念化」を行います。具体的な学習内容を抽象度の高い概念に変換します。

最後の段階では，その概念を使って実際に「能動的実験」を行うことになります。

コルブはこの学習モデルを「経験の変容を通した知識創造のプロセス」（Kolb 1984）と説明しています。これに従えば，探究学習を振り返った結果，知識創造が行われていれば，経験から学んだということになります。

3　探究学習を振り返る

3-1　探究学習のための問い

コルブの経験学習モデルに沿った，探究学習を振り返るための問いを表10-1に示します。生徒にこれらの質問に答えさせることで振り返りができます。回答内容を生徒間で共有すれば，他の生徒が経験を通して何を学んだのかを知ることができ，さらなるメタ認知ができます。

3-2　リフレクティブ・ライティング

問いに沿って経験を振り返らせ，その内容を文章に書かせる方法をリフレクティブ・ライティングと呼びます。

リフレクティブ・ライティングとは，「書き手の学習体験自体に焦点を当て，主に書き手にとっての特定の学習体験の重要性と意味を特定しようとする」（Fink 2003）文章のことです。将来の自らの活動をより良いものにするために過去の経験を振り返って書く文章であるため，「私」という主語を使っても構わないとされます。この点で，学術論文とは異なるものです。

書かせる際の留意事項は，漠然とした指示を出さないということです。「探究学習を終えての感想を書きなさい」と言うような指示は不適切です。表10–1のように問いを示してもよいですし，項目を示してもよいでしょう。たとえば，①探究学習のテーマ，②良かったこと，うまくいったこと，成功したこと，③良くなかったこと，うまくいかなかったこと，失敗したこと，問題，④その原因と影響，⑤今後に活かす方法，といった項目です。

表 10-1　探究学習におけるステップごとの問い

学習サイクル	具体的な問い
具体的経験 (本授業での経験)	・探究学習では，いつ，どこで，誰と，何をしましたか ・グループ学習の場合，あなたの役割は何でしたか ・探究学習の成果として何が完成しましたか
省察的観察 (本授業の振り返り)	・探究学習における自分の学びを振り返って，良くできた点は何ですか ・探究学習における自分の学びを振り返って，改善点は何ですか ・探究学習において自分が使った知識，技術，感情にはどのようなものがありましたか ・探究学習において自分が新たに習得した知識，技術，感情にはどのようなものがありましたか ・探究学習を行って，自分は成長したと思いますか，なぜそう思うのですか
抽象的概念化 (本授業で得た教訓)	・探究学習を経験して，今後のためにどのような教訓が作れそうですか ・探究学習以外でも使える教訓としてはどのようなものがありますか ・良い探究学習を行うためのポイントを 3 つにまとめるとどうなりますか
能動的実験 (今後への示唆)	・もう一度探究学習をするとしたら，何をテーマ・課題・問いにしたいですか ・いつ，誰と，どのような場面でそれができそうですか，それを行うために，事前にやっておくべきことは何でしょうか ・探究学習以外の授業，授業以外の学校での活動，社会や卒業後のどのような場面で，学んだことは使えそうですか

表 10-2　振り返りの 4 段階（Hatton & Smith 1995）

状況描写の記述 (Descriptive Writing)	振り返りを行った証拠が見られない。出来事や活動を記述した以上のものではない。
状況描写的な振り返り (Descriptive Reflection)	出来事や活動の記述ではあるものの，一部深い思考をした軌跡がある。
対話的な振り返り (Dialogic Reflection)	出来事や活動を客観的に分析し，意味付けや理由付けを行う。振り返りが分析的，統合的であるが，一貫性に欠けるところがある。
批評的な振り返り (Critical Reflection)	出来事や活動を複合的な視点で分析している。歴史的，社会，政治的といったより広い文脈に位置づけている。

ハットンとスミスは，振り返りをその記述内容から 4 段階に分類する基準を提唱しています（Hatton & Smith 1995）（表 10-2）。この基準を使えば，リフレクティブ・ライティングを評価することもできます。

3-3　コンセプト・マップ

コンセプト・マップ（概念地図）とは，すでに持っている概念と新規に学習した概念間の関係性を示した図のことです（ノヴァック & ゴーウィン 1992)。リフレクティブ・ライティングは，振り返りの内容を文章で記述させるものでしたが，コンセプト・マップは図で表現させるものです。概念と概念は矢印（リンク）で連結されます。矢印（リンク）には，概念間の関係を示す言葉が添えられます。これをリンク語と呼びます。

たとえば，商店街の活性化に関わる探究学習が終わった段階で，コンセプト・マップを生徒に作ってもらいます（図10–3）。上部に「商店街の活性化」という概念を配置し，それに関連する概念を出して矢印でつないでいきます。その矢印がどのような関係性を表現しているかについてリンク語で言語化してもらいます。

コンセプト・マップをみると，探究学習を通して生徒がどのような概念を記憶しているのか，そして，それらの概念が構造化されているのかがわかります。たとえば，多くの概念が描かれているけれどもほとんど関連づけられていないといった場合，意味を理解せずに用語だけを暗記するという浅い学習が起きている可能性があると判断することができます。また，そもそも概念数が少ないとすれば，概念を記憶していない可能性があることがわかります。

コンセプト・マップの内容と授業中の受講態度が一致しないこともあります。たとえば，授業中は発言量も多く，グループ内でも他の生徒をリードしている生徒であっても，概念の理解が不十分であることが判明することがあります。

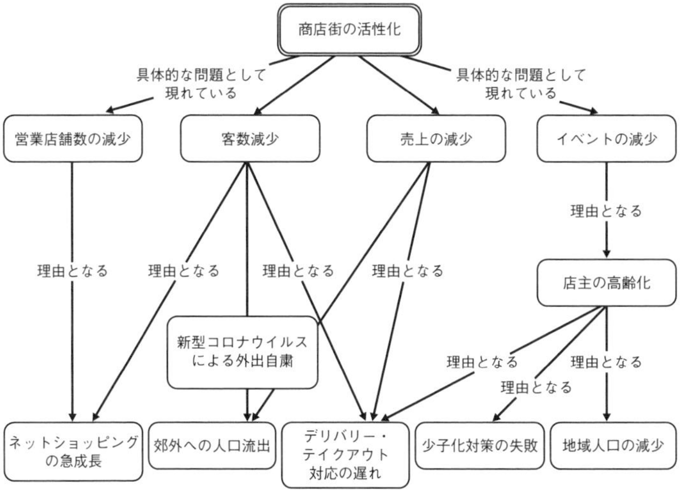

図10-3　探究学習のコンセプト・マップ例

一方で，授業中はおとなしくしている生徒であっても，重要な概念を漏らさずに記憶し，概念間の関係を適切に関連づけていると判断されることもあります。

コンセプト・マップを１回だけ作成させるのではなく，何回か作成させることによって，理解の深まりや広がりの軌跡を追うこともできます。

15ミニッツ・ワーク

Ⓠ1：これまで探究学習の振り返りはどのように行ってきましたか。

Ⓠ2：その振り返りの質をあげるためにできることは何でしょうか。

高校事例Q＆A③

Q5. 個人研究・グループ研究のどちらがよいでしょうか。それぞれのメリット・デメリットを教えてください。

福井県立
高志高等学校

これまでの経験から次のように考えています。

【個人研究】

〈メリット〉

○生徒個人の取り組みや変容の評価を行いやすい。

○一人一人の問題意識に従って進めることが可能。

○研究活動のすべてに全面的に関わることができる。

○生徒個人の能力が十分に発揮でき，高度な研究が出現する可能性がある。

〈デメリット〉

×テーマが多様・多数となった場合，指導体制や外部指導者の対応が困難。

×チームで協働して問題解決に挑む機会とはなりにくい。

×個人の能力や状況によっては，長期にわたる，内容レベルの低い活動に終わってしまう恐れがある。

【グループ研究】

〈メリット〉

○メンバー間の相互理解を図り，それぞれのリーダー性を発揮し，協働して課題を解決するという経験を得ることができる。

○メンバー間の正の相乗効果により，より高いレベルの活動につながる可能性がある。

○マンパワーが増し，より大きなテーマに挑むことが可能となる。

○テーマ数を絞ることができ，指導体制が組みやすい。

〈デメリット〉

×メンバー間で，「そこまでやらなくてよいのではないか」など，足を引っ張る状況が生じると，生徒個人で見た時に十分に力を発揮できなくなってしまう場合がある。

×発表やプレゼンだけでは，生徒個人の変容の評価が行いにくい。

清教学園
中・高等学校

本校ではグループ研究の形をとっています。理由は次の通りです。

①附属の中学で個人研究を経験している。

②「総合的な学習の時間」について平成 21 年の学習指導要領の改訂の際に「協働」が追加されたこと（文言は「協同的」）。また，21 世紀型スキルやキー・コンピテンシー等に示されているように，協働に関するスキルが必須であること。

③高 1・高 2 学年全生徒（各学年 400 名）が対象であるため，担当教員の人数も考慮し，グループ（各 100 チーム）の方が指導しやすいため。

グループだと，フリーライダーが存在する，個人がやりたいように進めることができないといった制約がかかってしまう等のデメリットがありますが，特定のアカデミックなテーマに関して議論ができる，他者と議論をすることで自分の見方・考えの偏りに気づき視座を拡げる経験となる，スケジュール管理や分担決めなど協働する方法を学ぶことができる，他のメンバーに対して自分の責任を自覚する，といった個人研究にはないメリットもあります。そういったメリットを考慮して，作業プロセスを考え，スケジュール管理の方法，分担をどう決めるか，当番制のリーダー，集団の中でどのような役割を担うべきかといったことを教材の中で示しています。どちらの方法にもメリット・デメリットがありますのでどちらをとるかは，各学校の目標によると思います。

Q 6. 生徒が受け身ではなく主体的に，モチベーションを維持しながら取り組むためにはどうしたらよいでしょうか。

兵庫県立
兵庫高等学校

生徒に対しては基本的に，あまり口出しせず言いたいことがあっても待つことを心がけています。そうすることにより，生徒達が，自分たちが動かないと先生は何もしてくれないんだ，ということを早めに認識し，マインドセットを変えることが大切です。

また，自然科学分野の指導については，以前は，5分野（物理・化学・生物・数学・都市工学）でそれぞれ別々に研究活動に取り組んでいましたが，ここ数年は授業3回に1回は「情報共有ミーティング」を行い，全員が集まってお互いの進捗状況を報告させています。そこで，他のグループがどれくらい進んでいるか，どんな方法で実験しているのか，などを知ることができ，お互いに刺激し合う場となっています。また，この時に生徒同士で質疑応答も行いますので，それが発表の時の質疑応答の練習にもつながります。最後の発表会だけでなくプロセスの段階から互いの研究を知って，いろんな研究に興味をもち，切磋琢磨することが重要と考えています。

社会科学分野に関しては，研究テーマに対する当事者意識を持たせるために，できるだけフィールドワークに出かけるよう促しています。また，外部の発表会に出ることも勧めています。それを目標に生徒たちは頑張ります。発表した結果，大人にある程度評価されるとさらにやる気が高まります。

また，モチベーションは，どうしていいかわからなくなると下がります。特に2年生の後半あたりにその傾向がみられます。あまり放っておくと軌道修正も難しくなり，モチベーションが下がったまま終了となりかねないので，その意味でも節目節目に面談を行いながら，ゴールまでの道筋を確認するよう心がけています。

清教学園
中・高等学校

本校は全員４人１グループのグループ研究にしています。協働型をとることにより，チームの他のメンバーに対する責任感が生まれます。積極的でない生徒がいた場合にも生徒同士で注意をしていることが多く，教員が注意するよりも同級生に言われる方が効果的であるように思います。ただ，中にはコミュニケーションをとるのが苦手で，怠けているわけではなく人と協働ができない生徒もいますので，そういう生徒には配慮が必要です。

熱心に取り組んでいるチームには外部の発表会への出場を個別に勧めています。そして，出場した上級生・同級生には必ず学年集会で発表をさせます。同世代の生徒が意欲的に取り組んでいる姿を見せることが一番効果的なように思います。それにより「自分もやってみたい」という気持ちが引き出されるようで，意欲的な生徒が増えてきました。

また，授業はクラスごとに行っていますがクラスを超えてチームを組むことを認めています。本校では普段からBYOD（Bring Your Own Device）の形で一人一台PC・タブレットを使用しており，ICTを使って簡単に作業の共有もできますので，意欲があり，関心のあるテーマが同じ者同士でチームを組むことを可能にしています。

さらに，Q1にもあるとおり，最終的にアクションプランの提案を課すことで主体的に取り組むことを促しています。アクションプランの例として，フィリピンの教育問題をテーマとしたグループが，日本の学校などで余っている教科書等の書籍を集めてフィリピンに送るという提案を行い，実行に移しました。生徒たちは，そのような自分たちにもできそうな具体的な解決策の提案をゴールとして意識しながら活動を行っています。

福井県立
高志高等学校

本校では，他のグループと研究の進捗状況について情報交換したり，相互批評したりする機会を設けています。自分たち以外の研究にも目を向け，他の研究との関連性を見出したり，連携できることはないかについて考えさせるようにしています。自分たちの研究を，ほかのグループがやっていることとつなげられないかと考えてみることで，自分たちの研究はこれでほぼできたと思っている生徒達にも発展的な視点をもたせ，もう一段高い研究活動のゴールを設定させることを意識しています。そのためグループ間の横のつながりをもたせるようにしています。

また，グループの運営に関して，どうしてもグループの中にやらない生徒がいると全体のモチベーションも落ちますから，必ず全員に役割を分担することにし，分担がちゃんとできているかどうかを各グループの担当教員にもチェックしてもらっています。

他には，外部の専門の方をお呼びして話をしてもらうと，教員とは違う目線で喋ってくれるので，外部の方の刺激によってモチベーションが上がる場合もあります。本校のグローバルコースでは大学生メンターに入ってもらっていますので，学生からの異なる視点でのアドバイスも生徒のモチベーションや方向性の修正に役立っています。サイエンスコースでは，大学や企業の研究者にメンターとして入ってもらっています。

Q 7. 探究学習の評価をどのように行っていますか。

兵庫県立
兵庫高等学校

「課題設定」「探究活動」「表現活動」の３つの観点について，４段階で評価を行っています。まず，研究が始まる段階でルーブリック（図２）を生徒に配布し，事前に評価の観点を共有します。社会科学分野は２年生２学期末の中間のポスター発表会，３学期末の最終発表会（英語での発表）の２回，これを用いて評価しています。自然科学分野の探究は中間発表は設けておらず，最終発表の時だけ用いています。本校では，学校設定科目として授業をしているので，このルーブリック評価をもとに10段階の評定をつけています。

評価については，厳密に評価することが難しいことと教員の負担を考慮して，意図的にシンプルなルーブリックにしています。ルーブリックは，社会科学分野は，１人の生徒に対し７名で行い，その平均値を評価としています。高校の担当教員４名と大学教員１名，大学院生２名です。自然科学分野は５つの分野別に高校の担当教員１名がつけています。

1）課題設定

Step 1	Step 2	Step 3	Step 4
興味関心がある分野で「問い」を立てることができる。	研究対象を十分に理解しており，「問い」を明確かつ検証可能なものに設定することができる。	先行研究をふまえて課題を検証し，より適切な課題に絞り込むことができる。	社会的に重要かつその解決が有益な課題を，自らの課題として設定することができる。

2）探究活動

Step 1	Step 2	Step 3	Step 4
課題に対して，探究の方法が的確である。	課題に対して，先行研究を理解し，可能な限り一次資料にあたって分析できる。	課題に対して，多角的な視点をもって分析し，解決のための方策を筋道立てて考えることができる。	課題に対して，明確な因果関係に基づいて，十分に根拠のある提案を展開することができる。

3）表現活動

Step 1	Step 2	Step 3	Step 4
ポスターやスライドを有効に使える。	時間配分をふまえて，研究の起承転結を適切に説明できる。	目的と結論に一貫性があり，相手を納得させるように説明することができる。	発表内容を十分に咀嚼し，原稿に頼ることなく，自らの言葉を効果的に用いて説明できる。

図２　社会科学探究活動におけるパフォーマンス評価

（兵庫県立兵庫高等学校『SGH 研究開発実践報告書・第５年次』）

清教学園
中・高等学校

中間発表でのパフォーマンスと発表資料をルーブリックで評価しています。ルーブリックは生徒にも返しています。また，年度末の最終発表では，発表資料に対する担当教員の評価と，生徒および担任・副担任による投票で賞を決めています。最終発表については，担当教員が発表会の運営に手を取られてしまうこともあり，発表に対するルーブリック評価は行っていません。評定をつける際には最終の成果物，中間レポート，中間発表をもとに評価しています

ルーブリック評価については，①担当教員が一人で全員分の評価をつける②担当教員２名が全員分をそれぞれつけ，その平均を評価として生徒に提示する，の２つの方法をこれまで実践してきました。①だと教員間の評価基準のズレはありませんが一人の負担が大きく，②だと教員間の評価基準のズレの調整がある程度可能になります。評価をどのような体制で実施するかについては，その年度の授業担当の人数次第のところもあり，状況に応じて変えています。

第 4 部

探究学習の展開

11 探究学習を展開する

1 残された問い

ここまで探究学習のデザイン，実施，評価の方法について説明してきました。しかしながら，探究学習をより組織的に，より長期にわたって展開していくにあたっては，さまざまな課題が残されています。それらの中には，授業だけではなく，カリキュラムや学校マネジメントに関わるもの，そして教育制度上の課題もあります。以下では，探究学習の展開に向けて残された問いをあげます。

(1) 学習者中心アプローチと教育者中心アプローチに関する問い

探究学習には，学習者中心アプローチと教育者中心アプローチの２種類が存在しました。この点に関わっては，以下の問いが残されています。

・探究学習の各ステップにおいて，両者の適正なバランスはどの程度か
・教員が生徒に対して，探究学習の手がかりを与える場合，どのタイミングで，どの程度ものを，どのように提供すればよいのか
・生徒個別の状況や経験に応じて，両者のバランスをどのように変更したらよいのか

(2) 探究学習における自我関与に関する問い

探究学習においては，生徒がテーマ・課題・問いに対して自我をどれだけ関与させられるか，あるいは，当事者意識を持てるかによって取り組み量やその質に大きな差が生じます。この点に関わっては，以下の問いが残されています。

・テーマ・課題・問いや目標をどのようなものにすれば，生徒は自我を関与させて，あるいは当事者意識を持って探究に取り組むのか
・自我の関与や当時者意識を高めるために，生徒個別の状況や経験をどの程度まで考慮に入れるべきか

(3) 探究学習と他の教科等における学習との統合に関する問い

質の高い探究学習を展開するためには，探究学習と他の教科における学習を統合させていく必要があります。これを実現するためには，教科や学年を越えた全校的な取り組みが必要です。この点に関わっては，以下の問いが残されています。

・探究学習と各教科との結びつきが弱い，あるいは分断されているという状況をどのように改善していくのか
・探究学習と正課外教育活動との結びつきが弱い，あるいは分断されているという状況をどのように改善していくのか
・探究学習を教員集団の能力開発に繋げていくにはどうしたらよいのか
・教員集団が探究学習コミュニティになるためにはどうしたらよいか

(4) 前後の教育機関における探究学習との接続関係に関する問い

探究学習は高校だけの取り組みだけで完結するものではありません。前後の教育機関と円滑な接続関係を構築した上で取り組むことで，長期間にわたって探究力を育成していくことができます。この点に関わっては，以下の問いが残されています。

・中学校での探究学習との接続関係をどのように構築したらよいのか
・大学での探究学習（研究）との接続関係をどのように構築したらよいのか
・初等・中等教育から高等教育まで一貫した探究学習を展開するためにはどのような制度を構築したらよいのか

(5) 探究学習の条件整備に関する問い

探究学習を組織的に展開していくためには，教材・教具，施設・設備，通信環境，人的資源などを整備していく必要があります。この点に関わって，以下の問いが残されています。

・探究学習に必要な時間をどのように確保するか（生徒の時間，教員の時間の両方）
・探究学習に必要な教材・教具，施設・設備，通信環境，人的資源に使用する予算をどのように確保するか
・探究学習に関わる学外との連携体制や学外からの支援体制をどのように構築したらよいか

2　組織的展開のための理論

探究学習を組織的に展開していくためには，組織における制度や文化の変革が求められます。組織においてどのようにイノベーションを起こしていくのかについては，社会学や経営学において多くの知見があります。ここではその一部である，イノベーター理論とブルー・オーシャン戦略を紹介します。

2-1　イノベーター理論

探究学習が全校的に展開していくプロセスは，校内の教員が探究学習という新しい教育方法を順次取り入れていくということです。これは，イノベーションのプロセスそのものです。

イノベーター理論とは，エベレット・M・ロジャースが提唱したイノベーションの普及に関する理論のことです（ロジャース 2007）。ロジャースは，新商品を購入する順序に基づき，消費者を５つのグループに分類しました。５つのグループの人数割合は，図 11-1 のグラフで示されています。このイノベーター理論を探究学習が全校的に普及していくプロセスとして説明していきしょう。

第一のグループは，イノベーター（Innovators：革新者，2.5%）であり，新しいものを最初に採用するグループです。探究学習について，最も早く情報を入手し，

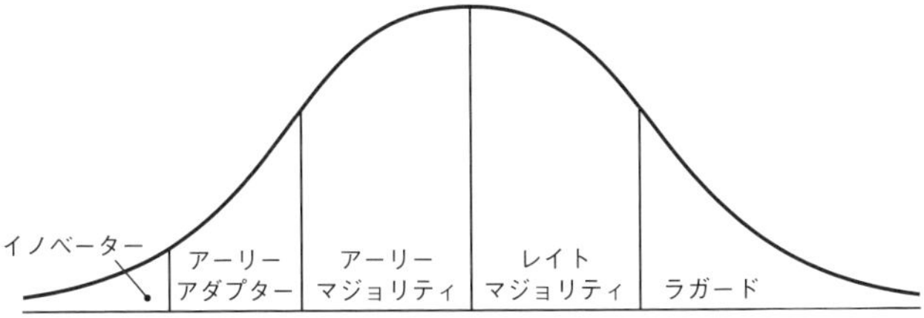

図 11-1　イノベーター理論（ロジャース 2007）

研修会にも自費で参加するなどして，自らの授業で大胆に実践に取り組む教員です。しかし，残念なことに，イノベーターは他のグループへの影響はあまり高くないとされており，実際には組織的に展開されないものも数多く採用しています。

第二のグループは，アーリーアダプター（Early Adopters：初期少数採用者，13.5%）であり，流行には敏感で情報収集を行い，その価値を判断できるグループです。「オピニオンリーダー」と呼ばれることもあり，周囲に大きな影響力を発揮します。探究学習を校内に普及させる鍵を握った教員集団のことです。

第三のグループは，アーリーマジョリティ（Early Majority：前期多数採用者，34.0%）であり，新しいものの採用には比較的慎重なグループです。採用するにしても，一定の時間が経ってからになります。アーリーアダプターらが探究学習に取り組めば，影響を受けて動き始める層です。

第四のグループは，レイトマジョリティ（Late Majority：後期多数採用者，34.0%）であり，「フォロワー」とも呼ばれます。新しいものの採用には，イノベーションが半ば普及してても懐疑的で，周囲の大多数が試してから同じ選択をします。文部科学省や教育委員会が探究学習を主導してから初めて，行動を変えるという教員層がこれに該当します。

第五のグループは，ラガード（Laggards：遅滞者，16.0%）であり，最も保守的な伝統主義者です。社会の動きに関心が薄く，他のグループへの影響力は極めて低いのが特徴です。最後まで探究学習に関心を示さず，取り組みにも非協力的な教員層です。

ロジャースはイノベーターとアーリーアダプターを足した16%が商品普及ポイントだと指摘し「普及率16%の論理」と呼びました。ここで鍵を握るのが，アーリーアダプターです。この層が購入することで，初めてその商品は市場に受け入れられたと言えます。探究学習の普及を考える際も，最初から一気に全員が取り組むことを目指すのではなく，まずはイノベーターとアーリーアダプターを合わせた16%の教員が取り組んでくれるよう働きかけるとよいでしょう。

2-2　ブルー・オーシャン戦略

ブルーオーシャンとは，W・チャン・キムとレネ・モボルニュが提唱している経営戦略のことです（キム＆モボルニュ 2015）。競争の激しい既存市場を「レッド・オーシャン（血で血を洗う競争の激しい領域）」，競争のない未開拓市場を「ブルー・オーシャン（競争相手のいない領域）」と呼び，前者でたたかうのではなく，

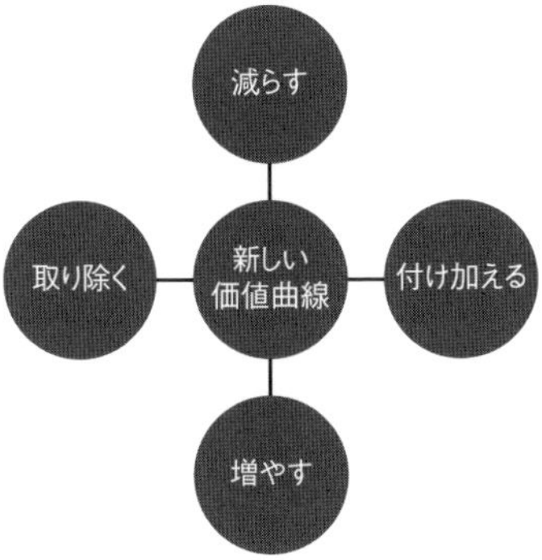

図 11-2　ブルー・オーシャン戦略における 4 つのアクション（キム＆モボルニュ 2015）

後者を切り開くべきだと言います。高校教育を市場として考えれば，従来の競争が激しい進学校市場（レッド・オーシャン）でたたかうのではなく，未開拓市場である探究学習校市場（ブルー・オーシャン）を切り開き，そこで実践を展開していくべきだということになります。

ブルー・オーシャンを切り開こうとして成功する企業と失敗する企業を分けるものが，その戦略です。消費者に提供する価値を見直すと同時に，コストをあげずに価値曲線を刷新するために，4 つのアクション手法が編み出されています（図 11-2）。具体的には，次の 4 つの問いを通してこれまでの戦略を見直すアクションをとることが提唱されています。

Q1：業界常識として製品やサービスに備わっている要素のうち，「取り除く」べきものは何か
Q2：業界標準と比べておもいきり「減らす」べき要素は何か
Q3：業界標準と比べて大胆に「増やす」べき要素は何か
Q4：業界でこれまで提供されていない，今後「付け加える」べき要素は何か

この 4 つの問いが，探究学習を軸としたイノベーションを起こすために有用でしょう。探究学習という新たな教育方法を導入することは，「増やす」要素と「付け加えるべき要素」に該当しますが，同時に考えなければならないのは，これまでのカリキュラムや教員の業務において，「取り除くべき」要素とおもいきり「減らす」べき要素です。たとえば，探究学習を導入すると同時に，休暇期間中の受験指導や

部活動等を減らしたり止めたりすることもあわせて考えていかなければならないかもしれません。あらためて，4つの問いのもとにこれまでの教育実践を分類し，とるべきアクションは何かを考えてみるとよいでしょう。

3 探究学習を教える者の教育信念

探究学習を組織的に展開しようとすると，多くの課題に直面します。そんな時には，行動する気持ちが揺らぎ，動機が減退してしまうこともあります。そのようなことを避けるために，自身の行動の背景にある教育信念を明確にしておきましょう。以下では，探究学習を教える者が持つべき3つの教育信念を紹介することで，探究学習を展開しようとする勇気ある教員の方々へのエールにします。

①人は誰でも探究者である

すでに見たように，幼い頃私たちは誰から教えられるわけでもなく，たくさんの問いかけをしていました。発生生物学者であるメディナは，人の探究意欲がなくなることはないと述べています（メディナ 2009）。彼は，2歳になる自分の子どもが地面に光る小石を見つけ，6メートルを進むのに15分かけている姿を見て，人が本来持っている好奇心，探究心の存在の素晴らしさに気づいたと語っています。

探究学習を進めていくと，生徒たちが問いをつくることを嫌がったり，探究を面倒なものとして捉えたりしている姿に出会うこともあるでしょう。それを見て，探究心の不足や問いをつくる力の弱さを嘆きたくなるかもしれません。そんな時には，幼い頃にたくさんの問いかけをしていた生徒の姿を想像してみましょう。

②教員自身が探究者であるべき

日本の高校において，授業としての探究学習は始まったばかりで，十分な教材も参考書も存在していません。そのため，取り組みを進める中で，わからないことや問題が生じると，誰かに答えを求めたくなる衝動に駆られます。文部科学省や教育委員会の指示を求めたり，研修に参加して講師に解決策を求める質問をしたくなったりします。なぜなら，自ら問いを立て，その答えを自分で創りあげることは負荷の高い作業だからです。しかし，それと同じことを，探究学習を教える者は，生徒に課しているのです。

今井は，探究学習を教える者が，探究エピステモロジーを持つことの重要性を述べています。ここで言う，エピステモロジー（認識論）とは，「知識は自分で発見するもの，使うことで身体の一部にするもの，システムの一部であること，そしてシステムとともにどんどん変化していくもの」と考えることだと言います（今井2016)。教員自身が，探究学習の探究を続けていくこと，そしてその姿を生徒に見せ続けることこそ，最高の探究学習の指導法かもしれません。

③探究コミュニティが質の高い探究者を育てる

本書は「どのようにすれば質の高い探究者を育成することができるのか」という問いから始まりました。本書の内容を踏まえてこの問いに答えをつくるとすれば，教員一人でそれを実現することは不可能だということです。探究学習を教える傍ら，自身も答えのない問いを探究する同僚教員を増やしましょう。最初は一人で構いません。ゆっくり，しかし着実に探究コミュニティを育てていきましょう。探究コミュニティの存在こそ，生徒を質の高い探究者に育成する土台になるのです。

15ミニッツ・ワーク

Ⓠ1：本書を通して最も記憶に残したいこと，同僚に是非とも伝えたい内容や学んだことは何でしょうか。

Ⓠ2：今後，新たに始めてみたいと思ったことは何でしょうか。

Ⓠ3：今後，修正をしたい，もうやめようと思ったことは何でしょうか。

Ⓠ4：今後のアクションプランを立てましょう。以下の項目を埋めましょう。

①何を	
②誰と	
③いつまでに	
④何がどうなれば成功か？	
⑤予想される困難とその対処方法は？	

高校事例Q＆A④

Q 8. 探究学習の意義を周りの教員にも理解してもらい，全校的な取り組みにするためにはどうしたらいいでしょうか。

清教学園
中・高等学校

本校では，意識して次のようなことを行っています。

①校内行事として研究発表会を年１回実施する。

②校長をはじめ管理職に適宜その重要性を，教員・生徒に伝えてもらう。

③学年会議や職員会議で，探究の授業で何をやっているか等について報告する。

④クラス担任を通じて探究学習に関する連絡や注意をしてもらう。

⑤学年の集会（全体の場）で探究学習に関する連絡をする。

①については，全教員に参加してもらい，仕事も割り振っています。②は，教員に向けては，学校全体の研修会の時や年度初めに，生徒に向けては，始業式や全体集会の時にお願いしています。また，③については，特に学年会議において，探究の授業の報告とともに困っていることを相談しています。内容によっては，クラス担任の先生からも生徒に声がけしてもらうようお願いをします（④）。たとえば，もうすぐ発表会が近いからこうするように，という連絡を，単なる連絡ではなく各先生の言葉を通じて言っていただくようにしています。そうすると，担任の先生も生徒から探究学習の関係者とみられるので，先生も関わらざるを得ない形になります。さらに，空いているロングホームルームの時間を発表会の準備の時間に充ててもらい，その時に監督者として担任の先生に様子を見てもらったりすることで，自然と探究学習に関心をもってもらえるようになります。また，学年集会などの全体の場を通して連絡をすることにより，多くの教員に状況を知ってもらうことができます（⑤）。

福井県立
高志高等学校

本校では，すでに全員が探究学習に関わっています。平成 15 年から SSH 指定校となり，第２期までは理数科のみで行っていたのを第３期（平成 25 年）から普通科でも実施することになりました。その時に対象生徒数が大幅に増えたため，理数・英語だけではなくて国語や社会，家庭科，体育など全ての教員が取り組むこととしました。現在では本校に異動になったら，課題研究の指導をしないといけないなという意識をもつ教員が増え，徐々に浸透してきています。

全校的な取り組みとして，「探究型学習に関する校内研修会」を年に５～８回程度行い，全教員に参加してもらっています。その場でさまざまな情報提供やワークショップを行うことで探究学習に関する理解を深めてもらうようにしています。これまで研修会で実施したものの一例として，先生方にとって身近なテーマである「働き方改革」について問いを立てるワークショップを行い，実際に先生方に探究の一部を体験してもらいました。先生方に，そんなに堅苦しく考えなくても大丈夫なんだということを伝える機会になったと思います。

Q 9. 校内での指導体制について教えてください。また，教員の指導力の向上や指導法の共有をどのように行っていますか。

兵庫県立
兵庫高等学校

探究学習の推進部を設置し，各学年に設置された授業に担当者として必ず推進部の教員が入るようにしています。各授業は推進部に所属する教員と，各教科で決めてもらった推進部以外の教員とで一緒に授業を行う体制を作っています。推進役の教員がいるかいないかで成功失敗は決まると思います。推進部の教員が打ち合わせをセッティングし，授業や教材の提案を行い，相談をしながら進めています。とりわけ重要なのは，推進部の教員が一緒に授業に入ることです。そうすると，うまくいかない教員が出た場合にもフォローに入ることができます。

また，最終的な授業の責任は推進部の教員が負うこととしているため，担当教員は安心して授業を行うことができます。探究学習の授業では，必ずうまくいかないことや予想外のことが起きます。その時に，どう対応すべきかを一緒に考えることのできる経験豊富な教員がいるかいないかでは，心理的な負担感が大きく違います。

なお，本校の教材はすべてオリジナルですが，その教材の作成は，推進部の教員が行っており，授業担当教員に負担をかけないようにしています。ただし，最後の評価は，担当教員に行ってもらっています。

新しく担当した教員も，1年経験すると2年目からはずいぶん任せられることが増えてきます。経験者とともに実践の中でノウハウを学ぶこと（On the Job Training）が指導力向上の鍵となります。

福井県立
高志高等学校

本校では基本的に全教員が探究的な学習に関わっていますが，それを総括する分掌として研究部を設置しており，その中のメンバーが中心となって推進しています。研究部の人数は，2019年度は9名です。そこで全体の授業のデザインを行い，全校的な教員研修も企画します。各学年の探究科目のチーフを研究部員が担い，そこから各授業担当者との間で目標や授業の進め方などを共有しています。全教員が探究学習を担当することにより，各授業担当者が担当する生徒はそれぞれ1～2グループです。授業担当者には主に，担当するグループの生徒が発表会など節目のイベントに合わせて予定通り動くことができるようにするための進捗管理と研究活動がずれていっていないかの把握をお願いしています。

指導法の共有については全校的な探究型学習に関する校内研修に加えて，担当者会議やSSH委員会などを開催して指導法の共有を行っています。

清教学園
中・高等学校

運営組織（グローバル教育部）に，年度によって多少異なりますが，英・数・国・理・社・情報・聖書科の教員が関わり，各学年に1人以上が属しています。委員会はだいたい全員で12～14名程度で構成しています。本校は，課題研究のスタート時に学校改革の一環としてSGHに申請するという背景があったので，運営組織の中に管理職が入っています。探究の授業の報告や発表会の運営，外部の発表会の引率，探究のあり方の議論をこのメンバーで行っています。会議は月1回あります。また，探究の授業担当者のみで週1回打ち合わせを行っています。授業担当者の人数は，2019年度は，高１担当が４人，高２が７人となっています。

指導法の共有に関しては，指導に関しての議論を担当者間もしくは運営組織の中で行い，毎年指導のカリキュラムや教材を少しずつ改善していっています。校内全体としては，新しい教育改革に関する研修（理論編・実践編）を年２回実施しています。ただし，探究学習の指導法に関してはまだ実施していません。

また，探究学習の授業中にクラス担任の教員などがふらっと様子を見にくることがよくあります。これは，Q8でご紹介したように，全体の場で話をしていることや多くの先生に日ごろから少しずつ関わってもらっているからでもあると思います。

Q 10. 外部機関とどのように連携をしていますか。

兵庫県立
兵庫高等学校

生徒の進学先としてニーズの多い複数の大学と連携しています。社会科学分野，自然科学の５分野それぞれに大学の先生にアドバイザーとして入っていただいています。研究テーマの検討や先行研究の有無など要所要所で大学の先生に相談できる環境があるというのはとても恵まれていると思います。本校では，大学レベルの研究を求めるのではなく，大学と高校の間くらいのレベルを目標にして，研究の基本を学ぶこと，結果よりもプロセスを重視しています。それゆえ，大学の先生に生徒を預けてお任せするのではなく，指導のイニシアティブは高校教員がとり，大学の先生の負担が大きくならないようにしています。また，１年生の後半に行う自然科学分野の「課題研究」の授業では大学院生にゼミ形式で指導してもらい，研究への導入部分のサポートをしてもらっています。

地域課題研究においては，市などの行政機関とも連携しています。本校では，2018年度から神戸市長田区で雇用しているサポーターの方に協力いただき，その方がフィールドワーク先のコーディネートや，フィールドワークへの同行もしてくださっています。行政機関との連携には，各自治体のホームページに掲げられている行政目標が足がかりとなります。たとえば，子育て支援や高齢者福祉の充実を目標としているのならば，そうしたテーマに高校生が関心をもってくれることを多くの自治体は歓迎してくれます。行政目標を糸口に自治体にアプローチしてみるとよいでしょう。行政機関との連携はどの地域でも可能です。行政機関がさらに別の連携先を紹介してくれることもあります。地域課題研究は，フィールドワークも取り組みやすく，費用もあまりかかりません。大学の協力が得られにくい学校でも連携できる可能性は大きいと思います。

高校の先生の有しているノウハウだけで質の高い探究活動を行うことは困難です。外部の専門家や諸機関と連携しながらコンソーシアム的に探究学習を進めることは，教員にとっても生徒にとってもメリットは大きいと思います。

福井県立
高志高等学校

本校ではグローバルコース，サイエンスコースでそれぞれ連携先を拡充してきました。

グローバルコースでは，さまざまな機関との関わりや周りから聞いた情報，新聞の情報などから本校の活動に有益で連携できそうな機関にはとにかく電話やメール等で趣旨説明をして連携をお願いしてきました。それは，学校や教員だけでできることには限界があると感じていたからです。その繰り返しの中から，現在，福井大学産学官連携・地域イノベーション推進機構および福井経済同友会と連携することができています。

特に福井経済同友会には，１年時に行う外部講師連携授業において，県内で海外に進出している企業を紹介していただき，その企業の方に授業を行ってもらっています。２年時の課題研究においても，その年度のテーマにマッチする企業を探していただき，本校の課題研究に協力してもらえるよう依頼をしてくれます。同友会側も「将来の福井を担う人材の育成」として産学協同の事業を考えていたようで積極的に協力していただいています。お互いにとって利点があるよい連携となっています。福井は大学も少ないため高校生が県外に流れてそのまま地元に帰ってこないという状況があります。そこに地元の経済界が関わることによって，地元にも世界に通用するようないい企業があることを高校生に知ってもらって，地元に帰ってくるきっかけになればという経済界の思いもあります。

また，福井大学の先生には、課題研究に取り組むにあたっての視点や考え方の講義，生徒が立てた仮説に対しての指導，フィールドワーク実施後の中間発表時のアドバイス等を行ってもらっています。また、協力いただく先生はアントレプレナーシップを専門とされていて，この探究の授業によってどれくらい起業家精神が養われたのか，という研究の材料にもしていただいています。先生のゼミなどの学生にも来てもらい，２年生の課題研究グループにメンターとして１グループに１名ずつついてもらっています。

効果的に連携していくためにはやはり双方にWin-Winの関係となることが重要ではないかと感じています。

サイエンスコースでは，県内の複数の大学の先生や企業の研究者にメンターになっていただき，研究のアドバイスを頂いています。生徒の２年間の研究を，原則同じメンターに継続して指導していただくことになっています。メンターの先生には年に２～３回来校していただき，進捗状況の確認や今後についてのアドバイス，また発表会への参加もお願いしています。先生のご厚意で，メールでの指導・助言をいただいている研究グループもあります。

指導の内容は，研究の専門的な部分だけではなく，課題設定の仕方や，発表資料の手直しなど，多岐にわたっています。

生徒たちは直近のメンター指導を目標に，実験・調査に励んでいます。メンター指導を経て生徒は新しい課題や気づきを得ることができ，また次の目標に向かう，という好循環が生まれています。大学の先生に研究を見ていただくことで，生徒のモチベーションも向上していると感じます。

引用文献

第１部

新井紀子（2018）．『AI vs. 教科書が読めない子どもたち』東洋経済新報社

板倉聖宣（2011）．『仮説実験授業のABC――楽しい授業への招待』（第５版）仮説社

ヴィゴツキー, L. S.／柴田義松［訳］（2001）．『思考と言語（新訳版）』新読者社

グリフィン, P.・マクゴー, B.・ケア, E.［編著］／三宅なほみ［監訳］／益川弘如・望月俊男［編訳］（2010）．『21 世紀型スキル――学びと評価の新たなかたち』北大路書房

国立教育政策研究所（2013）．『社会の変化に対応する資質や能力を育成する教育課程編成の基本原理（教育課程の編成に関する基礎的研究　報告書 5)』

田中耕治［編］（2007）．『よくわかる授業論』ミネルヴァ書房

田中孝平（2019）．「学士課程教育プログラムへの探究学習の位置づけ――高等教育における探究学習の諸類型の検討を通して」『京都大学高等教育研究』*25*, pp.37–45.

デューイ, J.／河村　望［訳］（2013）．『行動の論理学――探求の理論』人間の科学新社

トフラー, A.／徳山二郎［監修］／鈴木健次ほか［訳］（1980）．『第三の波』日本放送出版協会

ファデル, C.・ビアリック, M.・トリリング, B.／関口貴裕・細川太輔［編訳］／東京学芸大学次世代教育研究推進機構［訳］（2016）．『21 世紀の学習者と教育の４つの次元――知識，スキル，人間性，そしてメタ学習』北大路書房

藤原さと（2020）．『「探究」する学びをつくる――社会とつながるプロジェクト型学習』平凡社

ブルーナー, J. S.／鈴木祥蔵・佐藤三郎［訳］（1963）．『教育の過程』岩波書店

本田由紀（2005）．『多元化する「能力」と日本社会 ――ハイパー・メリトクラシー化のなかで』NTT 出版

本田由紀（2020）．『教育は何を評価してきたのか』岩波書店

松尾知明（2015）．『21 世紀型スキルとは何か――コンピテンシーに基づく教育改革の国際比較』明石書店

松尾　豊（2015）．『人工知能は人間を超えるか――ディープラーニングの先にあるもの』KADOKAWA

松下佳代［編著］（2010）．『〈新しい能力〉は教育を変えるか――学力・リテラシー・コンピテンシー』ミネルヴァ書房

文部科学省（2018a）．『高等学校学習指導要領（平成 30 年告示)』

文部科学省（2018b）．『高等学校学習指導要領（平成 30 年告示）解説　総合的な探究の時間編』

ライチェン, D. S.・サルガニク, L. H.／立田慶裕［監訳］／今西幸蔵ほか［訳］（2006）．『キー・コンピテンシー――国際標準の学力をめざして』明石書店

レイブ, J.・ウェンガー, E.／佐伯　胖［訳］（1993）．『状況に埋め込まれた学習――正統的周辺参加』産業図書

ロステイン, D.・サンタナ, L.／吉田新一郎［訳］（2015）．『たった一つを変えるだけ――

クラスも教師も自立する「質問づくり」』新評論

Banchi, H., & Bell, R. (2008). The many levels of inquiry. *Science and Children, 46*(2), pp.26–29.

Bereiter, C., & Scardamalia, M. (2014). Knowledge building and knowledge creation: One concept, two hills to climb. In S. C. Tan, H. J. So, & J. Yeo (Eds.), *Knowledge creation in education*. Springer, pp.35–52.

Brown, J. S., Collins, A., & Duguid, P. (1989). Situated cognition and the culture of learning. *Educational Researcher, 18*(1), pp.32–42.（ブラウン, J. S.・コリンズ, A.・ダグイッド, P.／道又　爾［訳］(1991).「状況的認知と学習の文化」『現代思想』*19*(6)（1991年6月号), pp.62–87. 青土社）

Frey, C. B. & Osborne, M. A. (2013). *The future of employment: How susceptible are jobs to computerisation?*. Oxford Martin Programme on Technology and Employment.

Scardamalia, M., & Bereiter, C. (2006). Knowledge building: Theory, pedagogy, and technology. In K. Sawyer (Ed.), *Cambridge handbook of the learning sciences*. Cambridge University Press, pp.97–118.

Spronken-Smith, R., Bullard, J., Ray, W., Roberts, C., & Keiffer, A. (2008). Where might sand dunes be on Mars? Engaging students through inquiry-based learning in geography. *Journal of Geography in Higher Education, 32*(1), pp.71–86.

Trilling, B., & Fadel, C. (2009). *21st century skills: Learning for life in our times*. Jossey-Bass.

第2部

市川　力 (2009).『探究する力――すべての小学生と先生のために』知の探究社

稲垣　忠［編著］(2020).『探究する学びをデザインする！　情報活用型プロジェクト学習ガイドブック』明治図書

大阪大学大学教育実践センター (2012).『Discovery Seminar 外部評価報告書』

小笠原喜康・片岡則夫 (2019).『中高生からの論文入門』講談社

岡本尚也 (2017).『課題研究メソッド――よりよい探究活動のために』啓林館

岡本尚也 (2019).『課題研究メソッドStart Book――探究活動の土台づくりのために』啓林館

梶田叡一 (2010).『教育評価（第2版補訂2版）』有斐閣

グレガーセン, H.／黒輪篤嗣［訳］(2020).『問いこそが答えだ！――正しく問う力が仕事と人生の視界を開く』光文社

小出達夫 (1996).「高校教育の創造と公共性――北十勝の町立農業高校の実践」教育科学研究会・小島昌夫・鈴木　聡［編］『高校教育のアイデンティティー――総合制と学校づくりの課題』国土社, pp.201–215.

後藤芳文・伊藤史織・登本洋子 (2014).『学びの技――14歳からの探究・論文・プレゼンテーション』玉川大学出版部

コミベズ, S. R.・ルーカス, N.・マクマホン, T. R.／日比野幹也［監訳］／泉谷道子・丸

山智子・安野舞子［訳］(2017).『リーダーシップの探求――変化をもたらす理論と実践』早稲田大学出版部
佐藤　学 (1995).「学びの対話的実践へ」佐伯　胖ほか［編］『学びへの誘い』東京大学出版会，pp.49–91.
中央教育審議会 (2014).『新しい時代にふさわしい高大接続の実現に向けた高等学校教育，大学教育，大学入学者選抜の一体的改革について――すべての若者が夢や目標を芽吹かせ，未来に花開かせるために（答申)』(2014 年 12 月 22 日)
デューイ, J.／松野安男［訳］(1975).『民主主義と教育（上)』岩波書店
戸田山和久 (2002).『論文の教室――レポートから卒論まで』日本放送出版協会
中島英博［編著］(2016).『授業設計』玉川大学出版部
西山周平・佐藤賢一 (2020).「ハテナソンによる京都府立桂高等学校の「桂リサーチプロジェクト」での問いづくりの活性化に向けた実践」京都産業大学『高等教育フォーラム』*10*, pp.23–40.
バーガー, W.／鈴木立哉［訳］(2016).『Q 思考――シンプルな問いで本質をつかむ思考法』ダイヤモンド社
氷見栄成・木村成介 (2018).「ハテナソンにより高校理科授業における主体的・対話的で深い学びを促す――生物基礎・地学基礎の授業実践から」京都産業大学『教職研究紀要』*13*, pp.1–32.
ファードン, J.／小田島恒志・小田島則子［訳］(2011).『あなたは自分を利口だと思いますか？――オックスフォード大学・ケンブリッジ大学の入試問題』河出書房新社
文部科学省 (2018).『高等学校学習指導要領（平成 30 年告示）解説　総合的な探究の時間編』
リース, F.／黒田由貴子・P・Y・インターナショナル［訳］(2002).『ファシリテーター型リーダーの時代』プレジデント社
Anderson, L. W., Krathwohl, D. R., Airasian, P. W., Cruikshank, K. A., Richard, M., Pintrich, P. R., Raths, J., & Wittrock, M. C. (2000). *A taxonomy for learning, teaching, and assessing: A revision of Bloom's taxonomy of educational objectives*. Pearson.
Chouinard, M. (2007). Children's questions: A mechanism for cognitive development. *Monographs of the Society for Research in Child Development, 72*(1), pp.1–129.
Jaques, D. & Salmon, G. (2007). *Learning in groups: Handbook for face-to-face and online environments*. Routledge.
Young, C., & Perović, N. (2016). Rapid and creative course design: As easy as ABC?. *Procedia–Social and Behavioral Sciences, 228*, pp.390–395.

第 3 部

小林恵智［監修］／インタービジョン総合研究所 (2001).『プロジェクトリーダーのための入門チームマネジメント――6 人で 9 人分の仕事をする組織最適化の法則』PHP 研究所
佐藤　真 (2006).「ルーブリック（評価指標)」辰野千壽・石田恒好・北尾倫彦［監修］

『教育評価辞典』図書文化社, p.174.
スティーブンス, D.・レビ, A.／井上敏憲・侯野秀典［訳］（2014）．『大学教員のためのルーブリック評価入門』玉川大学出版部
ソーヤー, K.／金子宣子［訳］（2009）．『凡才の集団は孤高の天才に勝る――「グループ・ジーニアス」が生み出すものすごいアイデア』ダイヤモンド社
高浦勝義（2006）．「ポートフォリオ」辰野千壽・石田恒好・北尾倫彦[［監修］『教育評価辞典』図書文化社，pp.169–170.
つくろう！　情報活用型授業ウェブサイト・ルーブリックバンク〈https://mmt4.cs.tohoku-gakuin.ac.jp/（稲垣忠氏のプロジェクト）（最終確認日：2021 年 1 月 5 日）〉
日本高等教育開発協会・ルーブリックバンク〈https://www.jaedweb.org/blank-3（最終確認日：2021 年 1 月 5 日）〉
ノヴァック, J. D.・ゴーウィン, D. B.／福岡敏行・弓野憲一［監訳］（1992）．『子どもが学ぶ新しい学習法――概念地図法によるメタ学習』東洋館出版社
Boyd, E. M., & Fales, A. W. (1983). Reflective learning: Key to learning from experience. *Journal of Humanistic Psychology, 23*(2), pp.99–117.
Fink, L. D. (2003). *Creating significant learning experiences: An integrated approach to designing college courses.* Jossey-Bass.
Hatton, N., & Smith, D. (1995). Reflection in teacher education: Towards definition and implementation. *Teaching and teacher education, 11*(1), pp.33–49.
Kolb, D. A. (1984). *Experiential learning: Experience as the source of learning and development.* Prentice-Hall.
Kruger, J., & Dunning, D. (1999). Unskilled and unaware of it: How difficulties in recognizing one's own incompetence lead to inflated self-assessments. *Journal of Personality and Social Psychology, 77*, pp.1121–1134.
Moon, J. (2004). *A handbook of reflective and experiential learning.* RoutledgeFalmer.
Tuckman, B. W. (1965). Developmental sequence in small group. *Psychological Bulletin, 63*, 384–399.

第 4 部

今井むつみ（2016）．『学びとは何か――〈探求人〉になるために』岩波書店
キム, W. C.・モボルニュ, R.／入山章栄［監訳］／有賀裕子［訳］（2015）．『新版　ブルー・オーシャン戦略』ダイヤモンド社
メディナ, J.／小野木明恵（2009）．『ブレイン・ルール――脳の力を 100%活用する：DVD 付き』日本放送出版協会
ロジャーズ, E.／三藤利雄［訳］（2007）．『イノベーションの普及』翔泳社

※事項索引

人名索引

高校事例 Q&A　回答校プロフィール

兵庫県立兵庫高等学校

各学年，創造科学科 1 クラス，普通科 7 クラスから成る。平成 27 年度～ 31 年度まで SGH 指定校。平成 22 年度から課題研究をスタート。対象者は創造科学科 1 クラス 40 名と普通科の希望者 40 名であったが，令和 2 年度から普通科においても全員が実践している。創造科学科においては，1 年生では社会科学分野，自然科学分野両方の課題研究を行い，2 年生からは，社会科学・自然科学に分かれて研究を行う。

福井県立高志高等学校

県内唯一の併設型中高一貫教育校。普通科各学年 7 クラス。平成 15 年度から SSH 指定（第 4 期・継続中），平成 26 年度～ 30 年度まで SGH 指定校。現在は全員が SSH 対象生徒であるが，各学年 80 名はグローバルコースとして SGH 的な課題研究を継続，各学年 170 名はサイエンスコースに所属。中学校も含め校内全生徒が課題研究を行う。

清教学園中・高等学校

私立中高一貫校。普通科。生徒数は，高校は各学年約 400 名，中学は約 160 名。平成 27 年度～令和元年度まで SGH アソシエイト指定。高校では平成 28 年度から課題研究の授業「Global Studies」を本格的に実施。中学から探究学習を行い，中学・高校とも全員を対象としている。ICT ツールの活用や図書館・司書との積極的な連携を行っている。

※学校プロフィールは 2019 年度現在のもの。

編著者

佐藤浩章（大阪大学全学教育推進機構准教授）

博士（教育学）北海道大学。専門は高等教育開発。2002年に愛媛大学大学教育総合センター教育システム開発部講師となり，同大教育・学生支援機構教育企画室准教授，副室長を経て，2013年10月より現職。著書に『授業改善』（共編著），『講義法』（編著），『大学のFD　Q&A』（編著），『大学生の主体的学びを促すカリキュラム・デザイン』（編集代表），『大学教員のための授業方法とデザイン』（編著），『学生と楽しむ大学教育：大学の学びを本物にするFDを求めて』（共著），翻訳に『大学教員のためのルーブリック評価入門』（監訳）などがある。2015年より大阪大学で高校教員向けの探究学習指導セミナーの企画・講師をつとめる。

編集協力・事例Q&A

吉本真代（大阪大学高等教育・入試研究開発センター特任講師）

事例Q&A

大前吉史（兵庫県立長田高等学校 主幹教諭）
大澤　哲（兵庫県立兵庫高等学校 主幹教諭）
山本卓也（福井県立高志高等学校 教諭）
高野和樹（福井県立高志高等学校 教諭）
中西雅子（清教学園中・高等学校 教諭）
山﨑勇気（清教学園中・高等学校 教諭）

本書はスーパーグローバル大学創成支援事業の助成を受けて出版されたものです。

※プロフィールは刊行時のもの。

高校教員のための探究学習入門
問いから始める７つのステップ

2021 年　3 月 31 日　　初版第 1 刷発行
2024 年　5 月 30 日　　初版第 5 刷発行

編著者　佐藤浩章
発行者　中西　良
発行所　株式会社ナカニシヤ出版
〒606-8161　京都市左京区一乗寺木ノ本町 15 番地
Telephone　075-723-0111
Facsimile　075-723-0095
Website　http://www.nakanishiya.co.jp/
Email　iihon-ippai@nakanishiya.co.jp
郵便振替　01030-0-13128

印刷・製本＝創栄図書印刷／装幀＝白沢　正
Copyright © 2021 by H. Sato
Printed in Japan.
ISBN978-4-7795-1561-3

本書のコピー，スキャン，デジタル化等の無断複製は著作権法上の例外を除き禁じられています。本書を代行業者等の第三者に依頼してスキャンやデジタル化することはたとえ個人や家庭内での利用であっても著作権法上認められていません。